柴田直治 Naoji Shibata

ルポ フィリピンの民主主義

——ピープルパワー革命からの40年

岩波新書
2032

目　次

序　章 …… 1
三六年ぶりの凱旋／交わることのない被害者と支援者／アジアの民主化の先駆けがいま／『自由からの逃走』か

第1章　フィリピンの「発見」から独立、独裁まで …… 11
マゼランの到着からスペイン、米国、日本の支配／独立後も続いた米国の関与／「アジアのケネディ」の登場／マルコスだらけの町／殺人事件で無罪を勝ち取ったシニア／北のマラカニアン／利益誘導で培った忠誠／イメルダとの出会い、一一日後の結婚／秘密兵器から鋼鉄の蝶へ／夫婦独裁／汚職のモニュメント・バターン原発と孤島のサファリ／当意即妙、変幻自在の問答

第2章　エドサ政変からふたつめのアキノ政権まで……35
「やらせ襲撃」とクローニー・プレス／独裁体制の完成と人権弾圧／ニノイ・アキノ暗殺の衝撃／繰り上げ大統領選からマルコス家の追放へ／中間層、貧困層一体の幻想とその後の失望／マルコス家の帰国とラモスの当選／ピープルパワー2／よみがえるコーリー人気とノイノイの当選／高支持率下で蓄積したフラストレーション

第3章　ドゥテルテの登場と麻薬撲滅戦争……55
強面のスタンダップ芸人／乗車拒否をしないタクシー／治安回復で辣腕／自宅前の等身大パネル／欧米中心の麻薬撲滅戦争批判／ICCの捜査と脱退／少年の犠牲と「反戦」運動の一時の盛り上がり／治安の改善が支える「戦争」への支持／麻薬問題は解決に向かったのか／罪はあっても罰はなし／警察、税関、刑務所が麻薬汚染の震源地／無法がまかり通る収容施設／矯正局長がジャーナリスト殺害を指示／コインの表裏の美徳と悪徳

第4章　政敵排除と報道の抑圧……83
元大統領アロヨの無罪放免／前司法相の逮捕／最高裁長官の解職／脆弱な「司法の独立」／人権委員会の予算を一〇〇ペソに／機能しない政党／軍と治安当局の掌握／ドゥテルテゆえのノーベル平和賞／歓迎ムードなき受賞／外国の代理人か／最大放送局の免許はく奪と免許の行き先／指名手配教祖の宗教団体に放送免許／ジャーナリズムの歴史と理解は地域随一だったが／伝統メディア攻撃に溜飲を下げる人々

第5章　史上最高のドゥテルテ人気とその秘密……109
中間選挙でドゥテルテ派が野党一掃／任期後半でも下がらぬ支持率／経済では成果上がらず／「汚職追放」にも疑問符／父娘そろって派手な政府予算の使いっぷり／対中政策の転換／人気の秘密は、アンチ・ポリコレ？／トランプ以上の暴言／エリートへの嫌悪に乗じるポピュリスト／連発するセクハラ発言／批判する女性には厳しく

第6章　ボンボン政権の誕生とソーシャルメディア選挙……131
英雄墓地に埋葬されたシニアの遺体／サラとのタッグで全国ネットワークが完成／大統領一家のドタバタ劇／ICCの捜査を避けたかったドゥテルテ／マルコス陣営を支えたデジタル・クローニー／「黄金のシニア時代」という言説／偽情報の四類型／敗者ロブレド反省の弁／マラカニアン復帰へ向け周到だったデジタル戦略／ケンブリッジ・アナリティカとモルモット／ソーシャルメディア選挙元年／世界一のSNS利用国／ティックトックが主戦場／フェイクニュースへの警戒とフィルター・バブル
第7章　ピープルパワー神話の終焉と新たな物語の誕生……157
記事にしなかったボンボンのインタビュー／国外脱出時は二八歳の知事／「気ままで怠惰」と父の不満／オイディプスのよう／弾けるスーパー姉、アイミー／落日のアイドル、クリス・アキノ／マルコス家とアキノ家の物語／変わらない貧困と格差／アジアの発展に取り残されるフィリピン／奇跡の革命物語の敗北／忌避される「黄色」

第8章　歴史修正と政権交代の意味……179
「マルコス独裁」を消す指導要領の変更／巨額相続税の滞納／消えた祝日・革命記念日／ニノイ・アキノ暗殺も書き換えの対象に／一家の名誉回復がミッション／親中路線から親米への転換／政権交代による変化／蜜月の終わり／ボンボンの変節に不満を募らすドゥテルテ陣営／次の選挙へ向けての暗闘

第9章　東南アジアで広がる権威主義と民主主義の衰退……201
民主主義から権威主義までのグラデーション／後退するアジア太平洋地域の民主主義／時計の針を巻き戻したミャンマーのクーデター／タイの「半分の民主主義」再び／首相の座に三八年、カンボジアのフン・セン／市民的自由の規制を続ける豊かなシンガポール／共産主義のドミノから権威主義のドミノへ／中国の勃興が支える強権／ＡＳＥＡＮで中国を代弁するカンボジア／米国の無関心と衰退、そしてご都合主義／現実化する『一九八四年』の世界／アジアの病、政治世襲／フィリピンに次ぐ世襲大国日本／アジアに民主主義は根付かなかったのか

注 …… 235

あとがき …… 247

序章

三六年ぶりの凱旋

二〇二二年六月三〇日正午、フェルディナンド・マルコス・ジュニアがフィリピンの第一七代大統領に就任した。

就任式の会場は、マニラ市の国立美術館だった。一九二六年から七二年まで立法府(国会)議事堂として使用され、独立準備政府(コモンウェルス)時代の第二代大統領マニュエル・ケソン、日本統治時代の第三代大統領ホセ・ラウレル、戦後では第五代大統領マニュエル・ロハスが就任宣誓式を行ってきたが、第一〇代大統領フェルディナンド・マルコス・シニア(以下シニア)が七二年に戒厳令布告を宣言し、国会が閉鎖された後は、反体制運動の集合地となっていた。

マルコス・ジュニア、通称ボンボンの父親である。

ボンボンの顔つきは年を重ねるにつれ、亡き父に似てきた。民族衣装の正装であるバロンタガログも一般的なシャツタイプではなくボタンが下まであるジャケットタイプを着用した。父が愛用したスタイルだ。最高裁長官アレクサンダー・ゲスムンドの立ち会いの下に行われた宣誓式で左手を置いたのは、父が六五年に宣誓した際に使った聖書だった。父のイメージに自分を重ねていることは明らかだった。ステージでは妻で弁護士のルイーズ(以下リサ)、下院議員に初めて当選した長男のサンドロ、次男のジョセフサイモン、三男のウィリアムヴィンセントがボンボンを囲んだ。宣誓後、感極まって涙する妻にボンボンはハンカチを差し出した。

演台に立ったボンボンは、史上最多得票で大統領選を制して就任式に臨んだいまを「歴史的瞬間」と呼び、「団結を訴えた私の呼びかけがみなさんの心に響き、家族のため、国家のため、より良き未来のための希望を反映した大きなうねりとなってフィリピンの民主主義の歴史上、最大の得票につながった」と胸を張った。「私は過去について話すためにここにいるわけではない。未来について話す。過去を振り返るのではなく、未来に目を向けるのだ」と続けた。

しかしながら二六分の演説のなかで、印象に残ったのは、父とその時代に言及した「過去」のくだりだった。

「大きな可能性を秘めたこの国がほとんど発展していない状況を見た人物が、独立以来の偉大な成果を上げた。そして彼の息子もそうなる」。その人物とはもちろん父、息子とは自分のことである。さらに「過去のどの大統領より多くの道路を建設し、コメを増産した」「国家の分断を狙う外国勢力の試みを打ち破った」と、インフラ整備や対共産ゲリラ対策における父の実績を強調した。

演説のなかで、人権侵害や不正蓄財といった父の時代の負の側面に触れることはもちろんなかった。思い出したくない「過去」については触れず、振り返らなかった。

就任式の後、ボンボンは妻、三人の息子、母親のイメルダ、姉で上院議員のアイミーらとともにマラカニアン宮殿(大統領府)に入り、親類や側近との記念撮影を繰り返した。

一九八六年二月二五日に民衆によって追い出されて米国ハワイに亡命して以来、三六年四カ月ぶりの凱旋だった。

交わることのない被害者と支援者

就任式会場周辺は数日前から交通規制が敷かれ、前日には近づくことも容易でなくなったこともあり、私は当日、会場から約一〇キロ離れた首都圏ケソン市にある「バンタヨグ・ナン・マガ・バヤニ(英雄の記念碑)」を訪ねた。

シニアの独裁体制下の人権侵害を記憶にとどめるために建設された施設だ。戒厳令当時の反政府運動やその政権を崩壊に追い込んだ「ピープルパワー革命（エドサ政変）」についての資料を展示している。倒れた若者を抱え、自由を求めて空に向かって手を伸ばす女性のモニュメントが、政変の舞台となったエドサ通りに向かって建つ。

三〇〇人を超す犠牲者の名前が刻まれた「追憶の壁」の前の広場には、揃いの白い服を着た人たちが集まっていた。そのうちのひとり、エスター・イスベルトと話をした。一九七七年、反政府活動を理由に夫とともに逮捕され、一〇カ月間の拘束中、拷問を受けた。

「あのマルコスの息子が大統領になるなんて悪夢をみているよう。彼らは歴史を嘘で塗り固めようとしている。選挙結果は偽情報と買収によるものだ。息子についてボンボンとかBBMとか愛称で語るべきではない。正しい歴史を語り継ぐためフェルディナンド・マルコス・ジュニアときちんと呼ぶべきだ」。BBMとはボンボン・マルコスの頭文字をとった略称で、メディアでも頻繁に使われている。大統領就任後は主要な新聞でもPBBMと見出しにとられている。Pはプレジデント、あるいはフィリピン語で pangulo（大統領）だ。数百人の参加者は弾圧を経験した高齢者が過半だったが、ボランティアの若者やメディアの取材者も多くいた。集会のあと、参加者らは大統領就任式の会場近くへ向けてデモ行進をした。

一方、就任式会場の外にはボンボンを支持する赤いシャツを着た集団が陣取って歓声を上げていた。赤は選挙時、ボンボン陣営のシンボルカラーだった。国旗を打ち振り、歓声を上げる姿がSNSに多数アップされていた。赤と白の集団が交わることはなかった。

アジアの民主化の先駆けがいま

ボンボンは五月九日投票の大統領選挙で約三一六三万票を獲得し、圧勝した。次点のレニー・ロブレドに倍以上の差をつけた。

世襲やネポティズム(縁故主義)が幅をきかせるアジアの政界では、韓国大統領の朴正熙《パクチョンヒ》と娘の朴槿恵《パククネ》、台湾総統だった蔣介石・蔣経国親子、シンガポール首相のリー・クアンユーと息子のリー・シェンロンら、強権を振るった父の跡目を子供が襲うことは珍しくない。カンボジアで三八年にわたり首相の座にあったフン・センも二〇二三年七月の総選挙後、息子のフン・マネットにその座を譲った。蔣経国や三代続きの北朝鮮を除けば、子供たちは選挙によって選ばれている。

にもかかわらずボンボンの圧勝は、フィリピン国外で驚きをもって受け止められた。不正蓄財や人権侵害で名を馳せた父の政権を崩壊させた「ピープルパワー」の印象が鮮烈だからだ。シニア陣営の選挙不正に抗議して選挙管理委員会を退場する職員や、装甲車に立ちはだかる修道女の姿は、当時世界各国にテレビ中継された。

日本のテレビ局もこぞって現地にリポーターやカメラマンを投入し、連日長時間の生中継をつないだ。歌番組の司会者だった久米宏を起用したテレビ朝日の報道番組「ニュースステーション」が軌道に乗ったのも、この政変の生中継が高い視聴率を獲得したからだった。[1]米国の三大ネットワークをはじめ、世界のテレビカメラが集結して伝えた政治ドラマは、第二次大戦後のテレビ報道の画期となった。新聞各紙も一面で経緯を詳細に伝え続けた。

世界に流れた映像は、アジアの民主化にも大きな影響を与えた。

翌八七年、韓国では一六年ぶりに直接選挙で大統領が選出された。八八年には台湾で李登輝が総統に就任し、民主化を進めた。ミャンマーのクーデターと学生らが立ち上がった民主化運動の高揚も八八年だった。タイでは一二年ぶりに民選首相のチャートチャイが政権を担った。八九年には民主化を求める学生らが中国・北京の天安門広場に集ったものの、人民解放軍の戦車に弾圧された。八九年は東ヨーロッパの社会主義国でも民主化の動きが連鎖し、ベルリンの壁が崩壊し、九一年にはソビエト連邦が瓦解した。

アジアや東欧の民主化の嚆矢《こうし》となった「ピープルパワー」の記憶を持つ国外の人々の目には、マルコス家の復権はいぶかしく映った。実際、日本やアメリカをはじめ世界のメディアの扱いも「なぜ」に力点が置かれていた。

『自由からの逃走』か

一九八六年二月二六日、私は米国ハワイのヒッカム空軍基地にいた。

C－一四一軍用輸送機からポークパイ帽にブルゾン姿のシニアが降り立つ。黒いドレスのイメルダ、ボンボンら子供たちと孫、参謀総長のベール夫妻らが続いた。ハワイ州知事ジョージ・アリヨシ夫妻の出迎えを受け、ハイビスカスのレイをかけられた時、シニアは威厳を示すかのように少し背筋を伸ばした。それでも両脇を基地職員に抱えられる姿は弱々しく、二〇年余にわたって非情な独裁を続けた権力者の面影はなかった。二日後、シニアは基地内の将校クラブで記者会見に臨んだ。「流血の惨事を避け、フィリピン国民を守るため米国の説得に応じて亡命を決めた」との声明を読み上げただけで質問は受け付けなかった。傍らのイメルダが涙を拭いていた。配られた声明文には「大統領執務室より」と前書きがついていた。シニア最後の公式記者会見だった。

私は当時、新聞社の大阪社会部員で警察回りだった。広域暴力団山口組の幹部が銃器類密輸の疑いでホノルルの米当局に逮捕された事件の取材のため、現地に派遣されていた。国を追われたマルコス一家がハワイにやってくると東京本社外報部から連絡があり、専門外の取材を命じられ、ヒッカムにおっとり刀で駆け付けた。フィリピンとの初めての接点だった。その時は、マルコス一家がよもやマラカニアンに復帰するなど思いもよらなかった。それどころか帰国することもないだろうと思った。国民の怒りがそれを許さないだろうと考えたからだ。

三六年後、マルコス家の凱旋劇を見て私の頭に浮かんだのは、学生時代に読んだエーリッヒ・フロムの『自由からの逃走』である。第一次大戦の教訓から制定されたワイマール憲法下のドイツで、人々が投票によってナチスを選び、権威主義的リーダーに身をゆだね、自ら進んで自由を棄てていった経過が社会心理学者の眼で分析されている。

フィリピンはあの時、街角を埋め尽くした人波が独裁政権を葬り去り、民主主義の勝利と世界から賞賛された。ところがその結果得られた選挙の自由によって、かつての権力者一家を返り咲かせた。なぜマルコス家は復活したのか。

もちろん独裁者の息子が独裁者とは言えない。とはいえ国民は、マルコス家による腐敗と弾圧に苦しんだのではなかったのか。無血で勝ち取った民主主義に誇りを持っていたのではなかったのか。「ピープルパワー革命」が二〇世紀終盤の民主化の先駆けだったとすれば、マルコス家の復権は現代史のなかでどう位置づけられるだろうか。さまざまな疑問が頭をもたげてくる。背景には、フィリピン独自の事情がある一方で、権威主義が勢いを増す世界の趨勢が後押ししたことも間違いない。

一家の亡命から始まった私とフィリピンの付き合いも四〇年近くになった。九〇年代にはマニラ駐在の特派員となり、その後、記者生活の後半をアジア報道に費やすことになった。ボンボン、イメルダ、アイミーらマルコス家の人々、「革命」のヒロインとなったコラソン（コーリー）・アキノらにインタビューもしてきた。

本書では、この間に見聞きした彼らの姿と盛衰を追いながら、フィリピンの政治・社会の現状と課題について、現場を踏まえた検証を試みる。同時に報道の自由や世襲、ＳＮＳが選挙に及ぼす影響といった、日本の民主主義にとっても重要なテーマについて分析する。近年、権威主義への回帰が目立つアジアのなかで、フィリピンがどのように位置づけられるかといった点についても考察を進めたい。

第1章　フィリピンの「発見」から独立、独裁まで

マゼランの到着からスペイン、米国、日本の支配

フィリピン共和国は一九四六年七月四日、宗主国アメリカから独立を果たした。七六四一の島々からなるこの国の歴史を遡れば、大航海時代の一五二一年、ポルトガル出身のマゼラン率いるスペインの艦隊が世界一周の途中で、その一部を「発見」した。一五六五年にスペインのレガスピ艦隊が到着し、一五七一年にマニラを首都と宣言した。以後三〇〇年余にわたりスペインの統治が続いた。

一九世紀末、ホセ・リサールを精神的支柱とする独立運動が起こり、秘密結社カティプナンが結成された。一八九八年六月一二日、エミリオ・アギナルドがスペインからの独立を宣言し

た。翌九九年一月、マロロス憲法を発布し、第一共和政が樹立された。アギナルドが初代大統領に収まった。ところが米西戦争でスペインに勝利した米国が一八九八年にパリ条約によりスペインからフィリピンを譲渡されたとして、アギナルドの政府や独立運動を弾圧した。米国議会で一九〇二年、フィリピン組織法を制定し、正式に植民地化した。

米国のフィリピン独立法により一九三五年、初の全国規模の選挙が実施され、マニュエル・ケソンが第二代大統領に選出され、独立準備政府(コモンウェルス)が発足した。法は一〇年の猶予の後の独立を約束していたが、四一年一二月八日、米国ハワイの真珠湾を攻撃した日本軍は直後にフィリピンに侵攻した。日本軍はダグラス・マッカーサー率いる米軍を駆逐した。マッカーサーとともに国外に脱出したケソンは四四年八月、米ニューヨークで結核により客死し、副大統領だったセルジオ・オスメーニャが大統領に昇格した。

一方、日本軍政下で、四三年憲法が制定され、第二共和政の設立が宣言された。大統領にはホセ・ラウレルが選出された。四五年八月の終戦を日本で迎えたラウレルは八月一七日に第二共和政の消滅を宣言した。その後、マッカーサーにより戦犯指名され、巣鴨拘置所などで過ごすが四六年七月に釈放され帰国した。フィリピンでは反逆罪に問われたが、恩赦を受けた。フィリピンの歴史教科書やマラカニアン宮殿の展示では、第三代大統領として顕彰されている。

独立後も続いた米国の関与

コモンウェルス最後の第五代大統領となり、独立後も職を継続したマニュエル・ロハスが四八年に心臓発作で死亡すると、副大統領のエルピディオ・キリノが六代目となった。

キリノは五三年七月、マニラ首都圏のニュービリビッド（モンテンルパ）刑務所に収容されていた日本人BC級戦犯一〇五人に恩赦を与えた。キリノは戦時中に妻子四人を日本軍に殺されたとされる。「日本人への憎悪の念を残さないためにこの措置を講じる」との声明を出した。反日感情が強い時代に敢えて恩赦を出した決断は日本側で高く評価され、東京・日比谷公園に顕彰碑が建立されている。

五一年のサンフランシスコ講和条約で日本は国際社会への復帰を果したが、翌五二年に始まった日比の戦時賠償交渉は難航した。五六年、五億五千万ドル（当時の円貨で一九八〇億円、支払期間二〇年）で妥結した時、大統領は七代目のラモン・マグサイサイに代わっていた。賠償の内訳は日本の経済復興に資する資本財が五億ドル、役務が三千万ドルで、現金はわずか二千万ドルだった。賠償を補充する目的で二億五千万ドルの経済開発借款が供与された。政府の途上国援助（ODA）の事始めである。賠償協定の締結と同時に国交も正常化した。

アジアのノーベル賞といわれるマグサイサイ賞に名を残す大統領は、抗日ゲリラの指導者として名をあげ、戦後は共産党系反政府組織フクバラハップとの闘いで戦果をあげて国民的な人気を博したが、五七年三月、大統領専用機の墜落事故で死亡した。

副大統領のカルロス・ガルシアが八代目大統領として後を継ぎ、八カ月後の大統領選にも勝ったが、二期目をめざした六一年の選挙で、副大統領だったディオスダド・マカパガルに敗れた。マカパガルは第一四代大統領グロリア・アロヨの父である。

コモンウェルス以来、フィリピンの大統領選には常に米国の影が付きまとった。独立後も候補は米国の顔色を窺い、米国は中央情報局（CIA）や現地大使館を通じて、自国に都合の良い人選を進めようとした。[1] 大統領や上下両院の国会議員に立候補するのは、スペイン時代からの地主やエリート支配層が主だった。それでも三五年に二一歳以上の読み書きのできる男性全員に参政権が与えられ、続いて戦前のうちに女性参政権も認められたフィリピンでは、当時四年ごとの大統領選でトップが決まり、選挙を経た議員らが上下院を構成し、丁々発止の議論を重ねていた。[2]「植民地型」という但し書きがつくにせよ、六〇年代までのアジアを見渡せば、圧倒的に進んだ民主主義が実現していたといえる。

「アジアのケネディ」の登場

六五年の大統領選で、四八歳のシニアが現職のマカパガルを破って当選した。上院議長だったシニアは所属していた自由党の指名争いで現職のマカパガルに敗れたため、当時の二大政党の敵方、国民党に転籍して指名を受け立候補した。頭脳明晰で巧みな弁舌が大衆をひきつけ、同じ一九一七年に生まれた米国の大統領になぞらえて「アジアのケネディ」と称えられた。

シニアはアジア太平洋戦争時の初期に日本軍の捕虜となり、捕虜虐待の象徴として有名な「バターン死の行進」に加えられたものの、隊列から逃げ出して抗日ゲリラのリーダーとなり、多くの日本軍兵士を殺害する武勲を立てたことになっていた。フィリピンはもとより米国からも勲章を授与され、選挙戦でも「何度も負傷しながら、闘い続けた抗日戦のヒーロー」を大きくアピールした。こうした武勲の多くは作り話で、実は日本軍の協力者だったとする説を米国メディアが相次いで報道したのは、国外追放される直前の一九八六年になってからのことだ[3]。

一期目の仕事ぶりは充実していた。その点については、のちに反マルコスに転じる人たちの多くも異存はなさそうだ。米国留学帰りのテクノクラートを要所に配し、国土開発を推進した。キャッチフレーズは「Ｒ＆Ｒ」（コメと道路）。六二年、マニラ近郊のロスバニョスに設立された国際稲研究所（ＩＲＲＩ）が開発した高収量米（ＩＲ８）を全国展開することで六八年から七〇年までは主食のコメの自給を達成した。農作物や工業製品を運搬する全国道路網建設に力を注いだ。二期目に入った七一年からコメは再び輸入を余儀なくされ、現在フィリピンは世界最大級のコメ輸入国である。

激化するベトナム戦争を背景に旧宗主国の米国とも手練手管で渡り合い、多額の援助を引き出した。交渉材料は、米海軍が使うスービック基地と空軍のクラーク基地だった。ともにベトナムへ出撃する最前線の拠点だった。一方で東西冷戦のなか、中国、ソ連など共産圏の国々とも関係改善に乗り出した。文化人類学者の清水展はシニアについて「フィリピン土着の神話的古層に根ざした勇者のイメージと、スペイン的マチスモ(男らしさ)の美学と、抗日救国のゲリラ戦への貢献と、アメリカ的法治主義が要請する知性とを兼ね備えているゆえに、多様な文化伝統の重畳している現代フィリピンの時空間を支配するにふさわしい資質を完備していると考えられていた[4]」と評した。大統領就任前後のシニアは、実績と才能を備え、輝ける未来を約束する政界のスターだった。

ボンボンが第一七代大統領に当選した後、私はシニアの里である北イロコス州を訪ねてみた。フィリピン現代史を語るとき、シニアの時代こそが民主主義の転換期であり、ボンボンの時代、つまり現代を語るときに欠かすことのできない背景だからだ。

マルコスだらけの町

「HOME OF GREAT LEADERS(偉大な指導者たちの故郷)」

フィリピン・ルソン島北西部に位置する北イロコス州バタックの町境のゲートに刻まれているスローガンだ。シニアが幼少期を過ごした町である。LEADERSと複数形なのはシニアだけではなくマルコス家の人々を指すからという。

私は二〇二二年七月、州都ラワグ市の郊外にあるラワグ国際空港に降りた。国際空港と名がつくものの、一日二便がマニラと往復するだけだ。約八キロ離れた市内と結ぶ足はトライシクルと呼ばれるサイドカー付きのバイクしかない。聞けばタクシーは市内に一六台。夜八時ともなれば中心街でも人通りはまばらだ。ホテルやレストランも少ない。

同州は人口約六〇万人。農業が主な産業で、州政府によると、ニンニクやドラゴンフルーツの生産が全国一。コメやマンゴー、玉ねぎなどの生産や酪農も盛んだ。高層ビルの見当たらない町で中心的な建築物は州庁舎だ。ボンボンの大統領就任を祝す大きな垂れ幕が下がっていた。

州政府の主である知事はマシュウ・マルコス・マノトク。ボンボンの姉で上院議員のアイミーの息子だ。副知事セシリア・アラネタ・マルコス、ラワグ市長マイケル・マルコス・ケオンはいずれもボンボンのいとこ。下院の選挙区は二つあり、第一区は二二年の選挙で初当選したボンボンの長男サンドロ。第二区はボンボンのいとこのユージニオ・アンヘロ・マルコス・バルバ。つまり同州から選出される政治家は国政にしろ、自治体にしろ、ほとんどがマルコスの名前がついた人々である。病院や大学など公共施設の多くにもマルコスの名が冠してある。シニアの父のマリアノだったり、母のドナ・ジョセファだったり。町中がマルコスだらけなのだ。旧新潟三区でもこれほど「田中」や「角栄」はあふれていない。

殺人事件で無罪を勝ち取ったシニア

冠付きの建物のなかでも異彩を放つのは、州庁舎近くに建つ地方裁判所だ。正面に大きく「MARCOS HALL OF JUSTICE（マルコス正義の殿堂）」と記されている。かつてこの建物に国立フィリピン大生だったシニアが殺人容疑で逮捕・起訴され勾留されていたことを示している。

事件は戦前の一九三五年に起きた。シニアの父、つまりボンボンの祖父マリアノは戦前下院議員を二期務めたが、落選。返り咲きを狙ってこの年の選挙に出馬したものの再び落選した。ところが対立候補で再選を果たしたフリオ・ナルンダサンが選挙結果判明直後に何者かに狙撃され死亡した。その容疑者としてシニアが三年後に逮捕され、現在の裁判所の地下に勾留されたのだ。父の選挙運動を手助けするため帰省中だったシニアは、勝利を祝うナルンダサン側がマリアノを侮辱する凱旋パレードをしたことに激怒し犯行に及んだとされた。シニアは大学で射撃部の主将を務めており、当時の新聞は「名門大学の主将の引き金」について書き立てた。

地方裁判所には、「大統領への岐路」とのプレートが掲げられた一角がある。シニアが勾留されていた部屋だといい、「歴史的な場所として記憶にとどめるために残す」と記されている。室内はきちんと整理されているわけではなく、なかば物置のように使われているが、若き日のシニアの肖像画が壁にかかっていた。

シニアは勾留中の半年で猛勉強し、司法試験をトップで合格した。記録は今も破られていない。法廷では被告である本人が自身の弁護士役も務めた。地裁は懲役一七年の有罪判決を下したが、最高裁では「証拠不十分」で逆転無罪を勝ち取った。裁判長は日本軍政下で大統領を務めたホセ・ラウレル。若きシニアの才能を高く評価し、無罪に導いたとされている。

私はこれまで、この殺人事件にからむシニアの話は、マルコス家にとって忌むべき過去と考えていたが、違った。

北のマラカニアン

ラワグから南に一五キロ下った出身地バタックにある「フェルディナンド・マルコス大統領センター」の展示には、「学生時代」、「戦争時代」、「下院議員時代」、「上院議員時代」などと並んで「裁判の時代」というコーナーがあり、殺人事件の容疑者として逮捕されてから無罪になるまでの経緯を資料や写真、新聞記事を添えて誇らしげに展示している。思い起こしたくない過去ではなく、大統領への道を歩むうえでの武勇伝であり、伝説の序章なのだ。

同センターにはかつて、客死した米国ハワイから運ばれたシニアの遺体が安置されていたが、二〇一六年一一月、マニラ首都圏の国立英雄墓地に運ばれ埋葬された。展示の「目玉」を失ったセンターからは客足が遠のき、さらにコロナによる閉鎖で厳しい運営を余儀なくされた。しかし二代目の大統領就任で再び客足も戻りつつある。学校の集団見学も増えてきたという。

バタックにはもうひとつマルコス家にまつわる施設がある。「北のマラカニアン(MALACAÑANG OF THE NORTH)」だ。マニラにある大統領府の名を冠した二階建ては、高級木材をふんだんに使った瀟洒なつくりだ。湖に面し、森に囲まれたゴルフ場も設けられている。

シニアの大統領在任中の一九七七年、マルコス家によって建設され、酷暑の時期に避暑地として一家が滞在し、閣議も催された。政変によって一家がハワイに追放された一九八六年、コラソン・アキノ政権によって接収されたが、二〇一〇年から北イロコス州の管轄になった。「大統領センター」の展示はシニアが大統領に就任するまでの個人史の展示だが、「北のマラカニアン」には大統領時代の業績が紹介されている。

「We Shall Make This Nation Great Again(われわれはこの国を再び偉大にする)」と大きく書かれたパネルが目に留まった。シニアの大統領就任演説の決め台詞だった。スペインからの独立を宣言した先人らの行動をGreatと称え、それを再びという国民への呼びかけだ。トランプ前アメリカ大統領の「Make America Great Again」と響きあうフレーズである。若きボンボンが使ったとされるベッドなども写真とともに展示されている。

利益誘導で培った忠誠

シニアは一九一七年九月一一日、バタックに近い町サラットで生まれ、八歳まで過ごした。父は国会議員、母は教師で双方とも中国系である。地方では裕福な家庭だが、大金持ちとまでは言えなかった。生家にも記念館が設置され、勉強に励む若き日の像などが展示されている。

シニアは大統領に当選後、出身地の開発に力を入れた。国際空港しかり、橋梁、道路、父の名をとった大学や医療センター。インフラ整備を中心に地元への利益誘導を重ね、有権者をロイヤリスト(忠誠者)に仕立ててきた。

ラワグ市内で、どこかおいしいレストランはありますかと聞くと、必ずと言ってよいほど「ラ・プレシオーサ」との答えが返ってきたので訪ねてみた。給仕長マニー・メンドーサによると、マルコス一家も頻繁に訪れ、デリバリーで届けることも多い。ボンボンが大統領選の遊説で立ち寄った際にも自宅に料理を届けたという。

「ボンボンがマラカニアンに返り咲いて本当にうれしい。イロコスだけではなく国全体がこれから良い方向へ向かうはずだ。シニアが追放されたとき、私はマニラで勤労学生だったが、とても心が痛かった。あの時代は暮らしも楽だった。クリスマスには政府からコメや食料品が届いた。彼らが腐敗しているなどというのは一部の政治家が作った嘘だ」

北イロコス州を含むルソン島北西部一帯の出身者はイロカノと呼ばれている。イロカノ語を話し、国内ではセブアノ語、タガログ語につぐ民族言語グループを形成している。機知に富み、勤勉で倹約をよしとするとの評価がある一方で、ケチ、策略家などといった評判もある。

シニアは政府の主要なポスト、なかでも軍にイロカノを最大限に登用した。強固な地縁で結ばれたイロカノの忠誠心はシニアの政治的基盤の芯となった。この地方は人口に比べ耕作地が限られていたこともあり、国内外に移住する人が多かった。米国ハワイもイロカノの主な移住先のひとつだったため、マルコス一家が亡命した際は出身者らの大歓迎を受けた。国にとって良い指導者だったかどうかはともかく、イロカノにとっては間違いなくヒーローであった。

マルコス家の生家や大統領センター、北のマラカニアンなどで多くの人々に話しかけてみた。みな一様にシニアの時代を礼賛し、ボンボンに投票した、期待すると話し、戒厳令時代のことを持ち出そうものなら、食ってかかる人もいた。施設の展示にはシニアやマルコス家の陰の部分は全く紹介されていない。そんななかでただひとり、「マルコスは嫌い」と話す人に出会った。裁判所の幹部職員だ。「イロコスの人たちはシニアの時代に何が本当にあったのか、歴史を直視していない。きちんと学べば無条件の支持などありえない」と語ったが、名前は出さないようくぎをさされた。裁判所にある「シニアの勾留部屋」には決して入らないと言った。

イメルダとの出会い、一一日後の結婚

シニアが政界で階段を上るうえで、イメルダとの出会いは重要な出来事だった。五四年四月、

国会に義兄を訪ねたイメルダを下院議員だったシニアが見初めて、猛烈にアプローチした。毎日花を贈り、電話をかけ、会いに行って結婚届への署名を求め、一一日後に実際に結婚にこぎつけた。「必ず大統領夫人にする」というのが口説き文句だったと伝えられている。シニア三六歳、イメルダは二四歳だった。

イメルダは二九年七月二日、弁護士の父と後妻の母の間にマニラで生まれた。スペイン統治時代からの名門ロムアルデス家の一員ではあったが、八歳の時に母を肺炎で亡くし、父の仕事もはかばかしくなかったため、父の出身地レイテ島タクロバンに移った。経済的には恵まれず、父の先妻の子供たちとも折り合いが悪く、不遇の少女時代だったようだ。地元の高校、大学を卒業後、一時教員を勤めるが、二三歳の時に下院議員だった義兄を頼ってマニラに出た。長身で色白だったイメルダはレイテ島でミスコンテストに出て「タクロバンの薔薇」の称号を得た。マニラでも「ミス・マニラ」に挑戦した。次点となったが、これに納得せず、マニラ市長のもとに出向いて泣きながら再審査を要求した。市長は何とかイメルダをなだめるため「マニラの女神」のタイトルをつくり、与えた。これが新聞などに報じられ、一躍時の人となった。

結婚後のイメルダはシニアの選挙キャンペーンに欠かせない存在となった。各地で演説し、歌い、愛嬌を振りまき、札束をばらまいた。だが活動の場は選挙以外にも広がってゆく。シニア一期目の六八年、イメルダが主導してマニラ湾岸の埋め立て地にフィリピン文化センターを建設、その周辺に国際会議センター、フィルムセンター、アートセンター、迎賓館ココナッツパレス、フィリピンプラザホテルなどを次々に建て、「ハコものコンプレックス」と呼ばれた。さらに国際映画祭やミスユニバース世界大会などを誘致し、開催時には周辺のスラムを撤去した。損益や収支、催事終了後の運営費などお構いなしだった。

秘密兵器から鋼鉄の蝶へ

彼女の権勢は年を追うごとに強まってゆく。それには二つの背景があった。ひとつは七〇年代後半からシニアの腎臓疾患が次第に重篤になり、以前のように動けなくなってきたため、後継問題が浮上してイメルダが候補として取り沙汰されるようになったことだ。取り巻きが、夫人の友人部隊からシニアのクローニー(取り巻き)たちにも広がっていった。

もうひとつは、シニアの浮気だ。再選をめざす六九年の選挙の前に、シニアを主人公にした映画を作る話が持ち上がり、出演したアメリカ人女優とシニアが性的関係を持った際の録音テープが七〇年にラジオで広く流された。激怒したイメルダをなだめるために、夫は妻の裁量を大幅に認めるようになったと言われている。

シニアの女性関係は派手だった。米国人ジャーナリスト、スターリング・シーグレーブの『マルコス王朝』によると、イメルダと結婚した時、すでに他に事実婚の妻がおり、子供が三人いた。ほかにも多くの女性と関係があり、イメルダを悩ませたという。

イメルダは七五年一一月、マニラ周辺の四市一三町(当時)で構成するマニラ首都圏の初代知事に、七八年六月にはこれまた新設された住宅環境相の初代大臣に就任した。戒厳令下で初めて実施された同年四月の選挙では翼賛政党「新社会運動」(KBL)の党首としてマニラから立候補し、トップ当選を果たした。

病身の夫に替わり、外交面でも圧倒的な存在感を示した。首都圏マカティ市の高級コンドミニアムにある自宅やイメルダの靴を展示する首都圏マリキナ市のマリキナ靴博物館には、昭和天皇、米国のニクソン、レーガン、ジョンソンといった歴代大統領、英国のチャールズ皇太子(当時)、キューバのフィデル・カストロ、イラクのサダム・フセインらとのツーショット写真がところ狭しと飾られている。中国との国交回復前年の七四年九月にはボンボンを連れて北京を訪れ、毛沢東と面会している。七六年にはリビアを訪ね、独裁者カダフィと会談した。ミンダナオ島で反政府活動を続けるイスラム教徒反政府組織、モロ民族解放戦線(MNLF)との仲介を依頼し、自治権拡大を認めるトリポリ協定に結びつけた。

シニアが「私の秘密兵器」と呼んだイメルダは「鋼鉄の蝶」と呼ばれるようになった。

夫婦独裁

イメルダについては、数えきれないほどの記事や論評が書かれ、映像も残されている。派手な生活をひけらかしたり、浪費癖が指摘されたりする権力者の妻は、今も「〇〇のイメルダ」と揶揄されることがある。例えば巨額の汚職で服役したマレーシアの元首相ナジブの妻ロスマは「マレーシアのイメルダ」と呼ばれた。歴史上、浪費を揶揄された権力者の連れ合いは多いが、イメルダが他と異なるのは、夫が権力にあった二〇年余の間、二人三脚で独裁体制を築いたことだ。マルコス夫妻とたもとを分かったかつての側近プリミティボ・ミハレスが書いた暴露本のタイトルから「夫婦独裁(The Conjugal Dictatorship)」とも呼ばれた。

マルコス夫妻の強欲にはあまたの証拠がある。フィリピンで後継となったコラソン・アキノ政権による査定に限らず、逃亡先の米国に持ち込んだ金銀財宝を押収した税関によるリスト、米国内の不動産、スイスの銀行などの預金。いまだに解明されていない部分がどれほどかはわからず、おおよそ一〇〇億ドルと言われている。フィリピン政府が回収したのは四〇億ドルに満たない。追及を逃れた資産が一家の選挙戦に使われていることは想像に難くない。[6]

カネにまつわる夫婦の逸話は数知れないが、なんといってもマルコス家の贅沢ぶりを決定的に可視化したのは、逃亡時にマラカニアンに残されたイメルダの靴であろう。当時は三千足と言われたが、その後、フィリピン政府は一二二〇足に訂正した。ほかにドレスは六六七三着、ハンドバッグ八八八個……。これらが宮殿の門を乗り越えて押し寄せた群衆に「発見」された。テレビカメラも宮殿に入り、一家の強欲ぶりは世界中に広まった。騒動が落ち着いた後もアキノ政権は宮殿を一般公開し、靴や衣装を展示し続けた。マルコス家の栄華と腐敗を端的に示す博物館である。

イメルダは、七八年から八四年の間に不正に蓄財した富をスイスに設立した団体を通じて私的に流用したなどとしてこれまでにフィリピンで七件起訴された。公務員特別裁判所は二〇一八年一一月、すべて有罪と認定し、一件当たり、六年一カ月から一一年、計四二年の禁錮刑を言い渡した。イメルダは判決を不服として上告した。三〇万ペソ(約八〇万円)の保釈金を払い、いまは保釈中の身だ。イメルダは一日たりとも刑務所に入っていない。

汚職のモニュメント・バターン原発と孤島のサファリ

フィリピン各地では今も腐敗の痕跡が残っている。代表的な遺物は、ルソン島西部の南シナ海に面したバターン半島にある。八〇年代半ばに完成した原子力発電所だ。ただし四〇年たっても一ワットの電気も生み出していない。敷地は大阪空港より広い三五六ヘクタール。「バターン死の行進」の出発点に近い。

稼働しない原発は見学ツアーを受け入れている。私が訪れた時には、入り口には「恐怖と貧困にノー／エネルギーと原発にイエス」のスローガンが掲げられていた。国家電力公社の職員が原発の歴史や仕組みをレクチャーし、案内してくれた。蒸気発生器やさまざまな器具類、壁面に近づくとひび割れやさびが目につく。鋼鉄製の原子炉圧力容器内に入ると、原子炉内部の機器やむき出しの燃料の挿入口を間近に見ることができる。古びた計器類が並ぶ中央制御室には、緊急時に大統領府と結ぶホットラインが置かれていた。ウラン燃料はすでになく、被曝のおそれはない。「原発の内部をこれほど近くに見ることができるのは世界でもここだけ」と職員が話していた。

東南アジア初の原発として計画され、七六年、米ウェスティングハウス社が出力六二万キロワットの加圧水型炉の建設を受注した。ところが七九年の米スリーマイル島原発事故の余波でまず工事が大幅に遅れた。国際原子力機関の検査も受け、稼働を目の前にした八六年二月、政変により独裁体制が崩壊、その二カ月後にソ連でチェルノブイリ原発事故があり、改めて炉を調べたところ、欠陥が多数見つかった。建設にからむ汚職疑惑も発覚し、大統領に就任したコラソン・アキノは「マルコス体制の腐敗の記念碑」と、凍結を決めた。

腐敗とはどのようなものか。当時の資料をひもとくと、大統領選定委員会は米ゼネラル・エレクトリック社を推奨したが、シニアがこれをひっくり返してウェスティングハウス社への発注を決定した。当初は六億ドルとされていた事業費は最終的に二三億ドルに膨れ上がり、当時のフィリピンの対外債務の一割を占めた。八六年の国内総生産（ＧＤＰ）約三四〇億ドルと比べても、いかに巨額のプロジェクトだったかがわかる。シニアと側近のエルミニオ・ディシニに流れた「手数料」は八千万ドルに上ったと八六年三月七日の米ニューヨーク・タイムズ紙は報道している。フィリピン最高裁も二〇二一年六月、ディシニ側にその一部として一一億ペソを政府に返還するよう命じる決定を下した。

ボンボンは大統領選でバターン原発の稼働を公約に掲げた。恒常的な電力不足に悩む歴代政権もアジア屈指の高い電気代を抑えるべく、同原発の稼働を模索してきたが、使われぬまま老朽化が進んだ結果、安全性への懸念に加え、一〇億ドル以上とされる補修費用の壁の前に断念してきたいきさつがある。任期中にボンボンが「汚職と無駄のモニュメント」を「父の遺産」に作り変えることができるのか、注目される。

もう一カ所、マルコス家の栄華の極めつけといった場所が西部パラワン州の北端、カラミアン諸島にある。総面積約三七〇〇ヘクタールの小島カラウィット島だ。サバンナ風の草原が連なる島を夫婦はサファリにしようとした。

一九七六年に夫妻がケニアを公式訪問した際、同国政府から動物を贈るとの申し出があった。側近の進言を受けた夫婦は孤島へのサファリ建設を思いつき、同年八月、この島を野生動物の聖域に指定した。住民二五四家族を立ち退かせ、翌年三月にキリンとシマウマ各一五頭、インパラ一八頭など八種類計一〇四頭を船で運んだ。その後、ガゼル(カモシカの一種)が環境に適応できず絶滅したが、私が九六年に訪ねた時にはキリン三二頭、シマウマ八六頭など計五五六頭になっていた。大半が第三世代で、アフリカの種より全般に小型化していたが、現在はさらに頭数も増え、第四世代以降になっている。まるで映画『ジュラシック・パーク』のような話だ。

シニアの時代は年間七〇〇〇万ペソの予算がつき、軍が人間の侵入を防いでいたが、教育や研究施設を設置したり、観光客を誘致したりするでもなく、ボンボンが時折狩りに訪れるぐらいだったという。政変後のアキノ政権が事業に力を入れるわけもなく、かつての住民らが続々と帰還したが、補償もないうえ、動物による農作物の食害もひどく、暮らしは厳しいままだ。イメルダの半生を描いたドキュメンタリー映画『ザ・キングメーカー』(二〇一九年公開)でも、権力者の横暴と住民の苦難の象徴としてこの島が取り上げられていた。

当意即妙、変幻自在の問答

私はイメルダに何度か取材をしているが、最もまとまって話を聞いたのは一九九六年二月六日、ケソン市の下院の控室だった。当時は下院議員だった。政変から一〇年の機会だった。一〇分だけという約束だったが、結局、話は二時間に及んだ。質問も尽きて席を立とうとすると、イメルダは「あなた、私と写真を撮らなくていいの」と聞く。日本の新聞記者には取材対象者と記念写真を撮る習慣はないので戸惑ったが、同行したスタッフが「撮れ」と目配せするのでツーショットを撮ることになった。イメルダが『Circles of Life』という人生論のような、よくわからない自著にサインし、私に手渡すところを撮影した。

私がこれまでにインタビューしたフィリピンの政治家のなかには、流ちょうな英語で立て板に水のように滔々と話す人はいた。例えば上院議員だったミリアム・サンチャゴやリチャード・ゴードン……。それでもイメルダの人を飽きさせない当意即妙の受け答えには感心するばかりだ。ああいえばこういうといったやり取りはもはや芸の域だと感じた。二〇ページ近い当時のテープ起こしを読み返してみる。

政変を振り返り、「逃げ出したわけではない。あれは米国による誘拐だった。夫の出身地のパオアイ（北イロコス州）に向かうといって騙されてヘリコプターに乗せられた。私たちは最大の被害者だ」と主張した。政変は民主主義の回復と世界で評価されたと水を向けると、「ジョークに過ぎない。われわれこそが民主主義のプロセスで選ばれたのに、アキノは超法規的に政権に就いた」「あの政変で最大のヒーローはマルコス（シニア）。国と政府を裏切った者たちを撃つことができ、騒動を鎮圧できたのに、発砲を命じず、無血でその場を去った」と自説を展開した。

戒厳令と人権侵害については「東西冷戦の緊張が頂点に達していた時のこと。共産主義勢力は武力革命を標榜していた。拷問や殺人など私は知らない。人権侵害しているのはアキノ政権。反対派の農民を虐殺したでしょう」と主張した。八七年一月二二日、マラカニアン宮殿に通じるマニラ市のメンディオラ橋で、アキノ政権の農地改革の遅れに抗議する農民らに治安部隊が発砲し、多数の死傷者が出た事件を指している。

政敵ニノイ・アキノの暗殺への関与について強く否定し、「私は彼が米国に亡命する手配をしてあげた。向こうでも何度も会っていた。殺すメリットなど何もない。コーリー(アキノ)がなぜ私を今も嫌っているのかわからない。私はニノイを助けてあげたのに」

大統領選に立候補した九二年の選挙については「不正さえなければ私が勝っていた」。「この一〇年でこの国がどれだけひどいことになったか、醜くなったか、見ればわかる。政府は何も良いことをしなかった」

——なぜあなた方は金持ちなのか、国や国民から奪った金ではないのか。

私は金の出どころをしつこく聞いた。第二次大戦の末期に山下奉文《ともゆき》大将指揮下の日本軍が敗走する際に遺したとされる「山下財宝」をシニアが見つけたとの説がマルコス家周辺から流されたことがあるが、イメルダは「私と知り合う前から彼は大金持ちだった。山下財宝そのものではないが、発見した米軍兵士らがそれを売りさばくことに協力した。その過程で金や希少金属の取引にかかわることになり、大儲けしたのだ」と荒唐無稽な話をした。

訴追や禁錮刑を心配しているかと聞けば、「投獄されることを恐れてはいない。この国のすべてが私にとってはパラダイスだから」。靴はいま何足お持ちですか、と聞けば、「あの時は三千足と報道されたけど、千五百足もなかった。今は三千足以上。靴がなくって気の毒でしょうと、多くの人々が贈ってくれたから」。「靴集めは趣味じゃない。(首都圏)マリキナ市には千以上の製靴会社がある。靴産業の振興のために私がモデルになっていた」

再び大統領選に立候補するかとの問いには「政治的野心はない。それ以上のものがある。この国の母になること。そして美しくあること。それも私の役割」

別れ際にもうひとつ、と最後の質問をした。「再婚の予定はありますか」「もちろん。明日にでも。もしフェルディナンド以上の人が見つかれば」と即答した。

イメルダの話、なかでも蓄財に関しては、四半世紀後の大統領選でボンボン陣営の主張と重なるところの多いことに改めて気づく。この点については後に触れる。

第2章　エドサ政変からふたつめのアキノ政権まで

「やらせ襲撃」とクローニー・プレス

一九六九年の大統領選挙でシニアは、第四代大統領の息子セルヒオ・オスメニャ・ジュニアを大差で破り、圧勝したが、金のばらまき、暴力の横行で「史上最も汚い選挙」とも呼ばれ、四年前の初当選時の清新なイメージは消えつつあった。

シニアにとって最大の問題は、当時の憲法で大統領の任期は二期八年と定められていたことだった。権力を手放す気はなかった。憲法改正による延命を狙って制憲会議を招集したが、買収工作が発覚するなどしてうまくいかなかった。

治安も悪化していた。大学講師を務めていた毛沢東主義者ホセ・マリア・シソンが六八年一二月、解散状態だった「フィリピン共産党」(CPP)を再び立ち上げ、翌六九年三月は軍事部門「新人民軍」(NPA)を組織し、武力闘争を展開していた。南部ミンダナオ島では、イスラム教徒らが分離独立や自治権拡大を求め組織化を進めていた。七二年一〇月にはヌル・ミスアリを統領とするモロ民族解放戦線(MNLF)が結成され、反政府武力闘争を開始した。

首都圏では爆弾事件も相次いでいた。七一年八月二一日、マニラのキアポ教会前広場で催された野党自由党の選挙集会に二発の手りゅう弾が投げ込まれ、九人が死亡、現職議員ら九五人が負傷した事件は社会に衝撃を与えた。マルコス政権は共産主義勢力の犯行だと非難した。

翌七二年九月二二日夜、首都圏マカティ市の高級住宅地に帰宅中の国防相フアン・ポンセ・エンリレの車列が待ち伏せ攻撃を受け、銃撃された。翌日シニアは記者会見を開き、戒厳令と夜間外出禁止令の布告を宣言した。エンリレの襲撃事件が引き金になったようにみせたが、八六年、マルコス一家が政変で追放された後、エンリレ自身が「あれは演出だった」とでっちあげを認めた。エンリレは二〇一二年になって演出説を否定したが、戒厳令布告のための「やらせ」説が定着している。[1] シニアが戒厳令に署名したのは実は事件より前、記者会見二日前の九月二一日だった。布告の正当性を訴えるためにエンリレ襲撃事件を演出したとみられる。記者会見に先んじて、二二日夜から翌未明にかけて、政敵のニノイ・アキノ、ホセ・ジョクノら上院議員四人をはじめ、多数の反政府派勢力やジャーナリストら二〇〇人以上を逮捕した。その後、逮捕者の数は年末までに八二八一人に上った。九月二三日をもってテレビ、ラジオ、新聞などメディアが一斉に放送や発行を中止させられ、再開には許可が必要となった。政権やマルコス家に反する記事や放送を禁じられ、検閲が始まった。政府官報によると、七つの英字紙、六六の地方紙、七つのテレビ局、二九二のラジオ局など計三七八のメディアが閉鎖され、テレビ、ラジオ、新聞の各一社だけが存続を許された。[2]

シニアを批判していたマニラ・タイムズ紙や政敵ロペス家所有のマニラ・クロニクル紙は廃刊させられ、両社主は逮捕された。ロペス家所有の放送局ABS-CBNはシニアの取り巻きロベルト・ベネディクトに譲渡されるなど、メディアはマルコス家の親類や息のかかった側近の経営下におかれ、「クローニー・プレス」と呼ばれた。ABS-CBNは政変後、ロペス家の手に戻るが、半世紀近く後のドゥテルテ政権下で再び弾圧の憂き目にあうことは後に記す。

政府を批判するジャーナリズムへの弾圧と自己規制する御用メディアの跋扈は、印刷、放送、インターネットとメディアの形態の主流が移り変わっても、権威主義化の最もわかりやすいメルクマールである。米国の植民地であったことから、アジアではジャーナリズムや報道がいち早く活性化したフィリピンの現代史でもその点は明らかだ。

独裁体制の完成と人権弾圧

シニアは戒厳令下で「新社会(Bagong Lipunan)」を建設すると打ち上げた。オリガーキー(既得権益層)に牛耳られてきた病める社会を作り直すというスローガンだ。三五年憲法を停止し、上下両院を解散し、翌七三年に予定されていた大統領選をはじめとする総選挙を中止した。これで憲法の定めた二期八年の任期の縛りを取り払った。反政府活動だけではなく、敵対してきた財閥やメディアをつぶし、従来の政党を解散させ、翼賛政党「新社会運動」(KBL)を結成し、独裁体制を完成させた。行進曲風のテーマソング「Bagong Lipunan」をつくり、テレビやラジオで流した。街角で聞かない日はなかったという。二〇二二年の選挙でボンボン陣営はこれをポップ調に作り替え、若手のバンドを起用してSNSなどで盛んに流していた。

一九八一年一月、戒厳令は解除された。間近に迫ったローマ教皇の訪問を前に、教皇庁や他国の視線を気にしてのことだった。しかし、強権による締め付けが解除されたわけではなかった。シニアは同年六月、新(七三年)憲法の下で初の大統領選挙に立候補した。主要野党がボイコットするなか、形ばかりの選挙はもちろん圧勝に終わった。

反対派やそう目された人々に苛烈な弾圧が繰り返された。拘束し、あらゆる種類の拷問が試され、時に殺害に至った。そうした記録や証言は多くの出版物となっているし、序章で紹介した「バンタヨグ・ナン・マガ・バヤニ」の展示を見れば一目瞭然だ。国際人権団体アムネステイ・インターナショナルによると、マルコス政権下で三二五七人が殺され、三万五千人が拷問され、七万人が投獄された。後の大統領ノイノイ・アキノ(コラソン・アキノの長男)が二〇一三年に署名した法律によって、一万一一〇三人が戒厳令下で拷問、殺害、強制失踪などの虐待を受けた被害者と正式に認定され、補償が行われている。にもかかわらず、近年そうした人権侵害はなかったとする言説が広く流布していることは後に記す。

独裁体制が長引くにつれ、経済はほころび、社会のひずみが広がっていったが、大きく局面が動いたのは一九八三年八月になってからだ。ニノイ・アキノが亡命先の米国から帰国した白昼の空港で射殺されたことが引き金となった。ボンボンが北イロコス州の知事に就任した直後のことだ。

ニノイ・アキノ暗殺の衝撃

ニノイはルソン島中部のタルラック州出身。フィリピン大学法学部卒でシニアと同窓だが、一五歳若かった。州知事から上院議員へとスピード出世し、シニアが二期目の大統領当選を決めた直後から次期大統領候補の筆頭に躍り出て、大統領選を視野に入れたキャンペーンの常道として現職批判を強めていた。戒厳令下で真っ先に逮捕され、七七年に軍事法廷で国家反逆罪などで死刑判決を言い渡された。一九八〇年三月、獄中で心臓発作を起こす。シニアはアキノ家の願いを聞き入れる形で米国での心臓バイパス手術を認めた。海外で政治活動はしないことや手術後は帰国することが条件だった。ニノイは同年五月、死刑宣告を背負ったまま妻のコラソンら家族とともに米国へ向かった。手術は成功したが、帰国せず、ハーバード大学ケネディ・スクール公共政策大学院客員研究員の身分を得て米国に居を構えた。「悪魔との約束は破ってもいい」。それが言い分だった。コラソンは後年、ボストン近郊で暮らした八三年八月までの三年余りが「一番幸せな時間だった」と振り返っている。

シニアとニノイはフィリピン大学法学部で同じ学生友愛会(フラタニティ)のメンバーだったことから「ブラッド(兄弟)」と呼び合っていた。一方、名門の出身で弁が立ち、交渉力や統率力も野党指導者のなかで一頭抜きん出ていたニノイは、シニアの最大のライバルでもあった。

ニノイは米国暮らしが長くなるにつれ、これ以上国外にいては次期大統領選に間に合わなくなると焦りを募らせた。帰国の意思を示すと、イメルダをはじめ、多くの関係者が思いとどまるよう説得したが、「覚悟はできている。フィリピン人には命を懸ける価値がある」との言葉を残して米国を発った。帰国前日、経由地の台湾で日本のテレビ局のインタビューを受け「明日は殺されるかもしれない」と語り、翌八月二一日朝、防弾チョッキを着て中華航空機に乗り込んだ。空港に着くと制服姿の兵士らがニノイを機内から連れ出した。そして何者かがタラップでニノイの後頭部を銃撃した。同行の記者らがあわてて機外に出た時、すでに二つの遺体が駐機エリアに横たわっていた。ニノイと、その場で射殺された実行犯とされる男だった。

八月三一日、マニラ首都圏最大のサント・ドミンゴ教会で行われた葬儀の後、棺は出身地のタルラック州を往復し、墓地に運ばれるまでの一一時間に二百万人が街頭に出て「殉教者」を見送った。反マルコス運動が全国に伝播する事始めだった。その後も抗議デモや集会は各地で開かれ、五〇万人を動員する集会もあった。[3]

徹底した警備が敷かれた空港での事件は、軍の関与なしでは実行できないと誰しもが思った。事件を調査するために立ち上げられた独立調査委員会の勧告を受けて、シニアの腹心で国軍トップの参謀総長ファビアン・ベールと兵士ら二五人が起訴され、休職となった。ところが八五年一二月には全員が無罪という判決が下り、反マルコス派の怒りは頂点に達した。

繰り上げ大統領選からマルコス家の追放へ

シニアは八五年一一月、米国のニュース番組でインタビューを受けた際、繰り上げ大統領選を実施すると宣言した。反政府デモは広がり続けていたが、野党陣営は割れており、勝利は固いとの判断があった。ところがコラソンを大統領候補、サルバドール(ドイ)・ラウレルを副大統領候補とする野党統一の共闘が実現し、事実上の一騎討ちとなった。ラウレルは日本軍政下で大統領を務めたホセ・ラウレルの三男だ。

翌八六年二月七日に投票された大統領選は投開票をめぐって大きく混乱した。政権下の中央選挙管理委員会がマルコス勝利を宣言したが、開票で不正が行われていると訴える選管職員が次々と職場を離脱した。野党陣営だけではなく、カトリック教会や海外からの選挙監視団も投開票の大規模不正を非難した。一方の民間選挙監視団体「自由選挙のための全国市民運動」（NAMFREL）はアキノの勝利を宣言した。

各地で反マルコスのデモや集会が催されるなか、二月二二日、国防相エンリレと国軍ナンバー2の参謀次長フィデル・ラモス（後の大統領）らが国軍アギナルド基地に立て籠もって、シニアの退陣を求めた。エンリレの下に集まっていた中佐グリンゴ・ホナサン（後の上院議員）ら若手将校のグループ「国軍改革運動」（RAM）が企てたマルコス政権転覆をめざすクーデター計画が直前に発覚し、追い込まれた末の籠城だった。

エンリレとラモスを守る兵士はこの段階で数百人に過ぎなかった一方で、ベールの指揮する国軍は一万以上の手兵を抱えていた。エンリレの要請を受けたカトリック教会トップの枢機卿ハイメ・シンが教会系のラジオ局ベリタスを通じて、基地前のエドサ通りに集結し、反乱軍を守るよう国民に呼びかけた。これに応えて人々が次第に基地の周りに集まり、翌二三日昼、ベールが海兵隊を出動させたときはすでに群衆によって基地に近づけない状態になっていた。装甲車の前に立ちはだかり兵士を説得する修道女の姿やエドサ通りを埋め尽くす群衆の写真と映像が報じられ、世界中のメディアがいつしか「ピープルパワー」と呼ぶようになっていた。シニアはエンリレに電話をかけて「騒ぎはもうやめよう。罪には問わない」と持ち掛けたが、エンリレは「閣下、もう手遅れです」と答えた。二四日午前、シニアは記者会見を開き、非常事態を宣言した。報道陣の前でベールは反乱軍への攻撃、空爆の許可を求めたが、シニアは拒絶した。軍内部でも反乱軍に寝返るものが相次いだ。

翌二五日午前、コラソンは首都圏サンファン市にある社交場「クラブ・フィリピーノ」で大統領就任式に臨んだ。間を置かずシニアもマラカニアン宮殿で大統領就任式を催した。宣誓の後、宮殿のバルコニーにマルコス一家が並び、イメルダは十八番の「ダヒル・サヨ」(あなたのために)を歌った。ボンボンは軍服姿だった。テレビ中継は反乱軍によって中断された。

反マルコスの群衆は宮殿に迫っていた。シニアは最後まで米レーガン政権の支援を期待していたが、米国務長官のジョージ・シュルツらが懸命に脱出を説得した。上院議員ポール・ラクソールトが電話で「もう潮時です」と伝えると、長い沈黙のあとシニアは「とても、とても失望している」と答えた。午後九時、一家はベールらとともに米軍のヘリコプターで宮殿を後にし、米軍クラーク基地を経て、米軍機でハワイへ向かった。[4]

一家が去ったマラカニアン宮殿に群衆がなだれ込んだ。シニアの寝室には酸素ボンベや点滴器具などが残され、病状の深刻さを物語っていた。数えきれないほどのイメルダの靴とドレス、食べ残しの豪華な食事などがそれ以上に注目を集めたことは第1章で触れた。この四日間の出来事は、日本も含め各国から集まったテレビ局によって全世界に生中継された。テレビカメラの前で始まり完結した「革命」ドラマだった。ロシア革命やトルコ革命はもとより、一九七九年のイラン革命などでもなかったことだ。

中間層、貧困層一体の幻想とその後の失望

「ピープルパワー」は、カトリック教会の仲介もあって中間層と貧困層が一体となることで生まれたとされる。フィリピン政治が専門の日下渉は「スラムから街頭に出た貧困層は、デモ隊から熱烈に歓迎されて食料や水を分け与えられ、「貧富の差がなくなった」と感銘した。こうして、皆殺しにされるかもしれない恐怖と、変化への希望を共有して戦う「ピープル(国民)」の連帯が生じた」[5]と表現した。ジャーナリストのスターリング・シーグレーブは「路上生活者やトンド地区のスラムから駆けつけた民衆が中産階級のフィリピン人と合流したが、双方は無意識のうちに共同の意思を持っており、かつて共有しなかった共通の絆で結ばれていることを発見した。それは集まった人たちを感動させ、人びとの顔には涙が流れた。歌を歌いはじめる人もあった。「ピープルパワー(民衆の力)」の誕生である」[6]と描いた。しかし、中間層と貧困層の蜜月は一瞬の出来事だったと言ってよい。貧困層に失望が広がるのにはさほど長い時

間はかからなかった。

政変後のコラソン・アキノ政権は脆弱だった。民主化を求めた人々に加え、前政権の転覆を謀った国軍の一部、カトリック教会、クローニー経済に反発していた財界などさまざまな勢力の寄せ集めだった。打倒マルコスの目的が達成された後、分裂が始まるのは早かった。政権を担う準備が整っていたとも言い難かった。

八七年一月二二日、多数の死傷者を出したメンディオラ橋事件で民主派の大きな反発を招き、一部の閣僚が辞任した。イメルダがインタビューで指摘していた事件だ。その後、RAMの若手将校らが幾度もクーデターを企てて政権を揺さぶった。前政権の残した巨額の債務やインフレに加え、二〇世紀最大と言われたピナツゥボ火山の噴火やマグニチュード七・八を記録したバギオ大地震、台風など多くの天災に見舞われたことで経済も停滞した。

私は九六年二月、コラソンにインタビューした。政変一〇年の思いを聞くと、「民主主義のもとで生きている、ということがこの間の最大の変化です。例えば報道の自由。一〇年前の大統領選では、外国の人が演説する私の姿をテレビで見ているのに、国民の目には届かない状態だった。今のように政府と非政府組織(NGO)が協力することもなかった」と振り返った。度重なるクーデター未遂で政権掌握能力に疑問が投げかけられた点を質すと、「ほとんど何もできずに改革の絶好機を逃した、と私を批判する人には、私と夫(ニノイ)なくして、この国に民主主義が回復したか、と問い返したい。人にはそれぞれ歴史的な役割があり、私の役目は民主主義を取り戻すことだった」との認識を示した。

政変二年後の八八年、小作農家に土地を分配する農地改革法が成立した。ところが大地主の娘であるコラソンが、家族所有の大荘園アシエンダ・ルイシタの分配を積極的に進めることはなかった。私がインタビューの終盤に、アシエンダ・ルイシタで農地分配が進んでいないことを突っ込むと、不機嫌な表情となり、約束の時間(三〇分)が過ぎたと言って席を立った。

民主化の高揚が去ったあと、経済や改革の停滞で多くの国民は失望や虚しさを味わった。生活苦は変わらず、民主化の果実を味わうこともなかった。経済の支配者がマルコスの取り巻きからアキノ家周辺にとって代わっただけだったのではないかという疑念がくすぶり続けた。

マルコス家の帰国とラモスの当選

一九八九年九月二八日、腎臓や心臓、肺に疾患を抱えていたシニアは滞在先のハワイ・ホノルルの病院で、客死した。七二歳だった。イメルダは九一年一一月四日、五年八カ月ぶりに帰国した。翌日、脱税や贈収賄容疑で逮捕されたが、保釈金を払い、すぐに保釈され、翌九二年五月の大統領選挙に立候補した。

コラソンの後任を選ぶこの選挙では、後継指名されたフィデル・ラモスが当選した。六年前の政変で、いとこにあたるシニアに反旗を翻し、「革命」主役の一人となったラモスは、参謀総長を経て国防相となり、度重なるクーデター計画を防いでコラソンの守護神役となった。

　イメルダは二三四万票を得て五位につけた。得票率は一〇％を超えた。四一二万票を取った三位のダンディン・コファンコは、誰もが知る有力なマルコス・クローニーだった。二人合わせればラモスの獲得した五三四万票を上回る計算になり、マルコス陣営が割れていなければ結果はどうなっていたかわからないと言われた。イメルダは敗れたものの、帰国して北イロコス州から下院議員に立候補したボンボンは当選した。マルコス家の政界復帰の第一歩だった。

　シニアが戒厳令下で制定した七三年憲法を八七年に改正した現行憲法では、正副大統領の一期六年、上下院知事らの任期制限などが盛り込まれた。六年に一度の正副大統領選をはじめ、全国区の上院の半数にあたる一二議席と地域代表である下院全議席、知事、市長ら自治体の長を一斉に選ぶ統一選が実施される。その三年後には正副大統領を除く、上院の半数と下院、自治体の統一選挙(中間選挙)が行われる。

　九五年の中間選挙で、ボンボンは上院選に挑んだものの一六位で敗れたが、同時に行われた下院選挙でイメルダは出身地のレイテ島で立候補し、当選した。

ピープルパワー2

九八年の大統領選では、ラモス政権の副大統領で人気アクションスターだったジョセフ・エストラダが当選した。「貧者のために」をスローガンに大衆の票を集めて圧勝したエストラダだが、二年後の二〇〇〇年一一月、汚職や非合法賭博に関与した疑惑で議会の弾劾を受けた。翌年一月に自ら大統領の座を降りるまで、辞任を求める市民らのデモが再びマニラ首都圏を埋め尽くしたことから、騒動は「ピープルパワー2」、あるいは「エドサ2」と呼ばれた。エストラダはその後、汚職などで逮捕、収監されたが、〇七年に恩赦で釈放された。

「ピープルパワー2」は「1」と様相を異にした。「1」では幻想にしろ、中間層と貧困層の合体が見られ、双方が一体感を共有した。ところが「2」では、エストラダを支持する貧困層に対して、中間層以上が積極的に排除を支持した。民間調査機関「ソーシャル・ウェザー・ステーションズ」(SWS)が〇一年一月二七日、首都圏に住む三〇〇人を対象に実施した調査によると、エストラダの辞任と副大統領だったグロリア・アロヨの大統領就任を五三%が「容認できる」と回答したのに対し、「認められない」は二六%、「まだわからない」は二一%だった。中間所得層以上では六割以上が容認したが、貧困層では四割台にとどまった。「新大統領就任の恩恵を受ける社会階層は」との問いに対する回答も中間層が五一%で最も多かったが、貧困層は三八%で最も少なかった。[7]

エストラダの追放で昇格したアロヨは第九代大統領ディオスダド・マカパガルの娘だ。親子二代でトップの座に就く初めてのケースとなった。現憲法は大統領の再選を認めていないが、途中昇格だったアロヨは〇四年の大統領選の出馬が認められ、人気俳優のフェルナンド・ポーを僅差で破って当選した。しかしその後、選挙をめぐる不正や中国企業との癒着・汚職、予算の私的流用、議員買収などの疑惑が相次いで発覚し、翌年から四年連続、国会で弾劾が発議された。支持率も政変後の最低を記録し続けた。

よみがえるコーリー人気とノイノイの当選

一〇年の大統領選で、コラソン・アキノの長男で上院議員だったノイノイが当選した。前年八月一日、母コラソンが結腸癌により、七六歳で死去したことで急遽候補として担がれ、本命とされた同じ自由党のマル・ロハスに代わって立候補した。スキャンダルにまみれたアロヨ政権が混迷を深めるなか、コラソンの死はかつての国民的な「コーリー」人気をよみがえらせ、その機運に乗る形でノイノイは、不動産王の上院議員マニュエル・ビリヤールらに圧勝した。次点は復活を狙ったエストラダだった。

就任演説でノイノイは「私の両親は民主主義と平和を求め、そして殉じた。その遺産により選ばれた私は、灯りを引き継ぐ」と演説した。政権就任時のキャッチフレーズは「まっすぐな道」「汚職なければ貧困なし」だった。アロヨを略奪容疑で逮捕し、そのアロヨの退任直前に指名された最高裁長官レナト・コロナを議会が弾劾した。副大統領ビナイ一族の不正蓄財を追及し、優先開発補助金（通称ポークバレル）の不正流用疑惑で、ファアン・ポンセ・エンリレ、ジンゴイ・エストラダ、ボン・レビリヤの三上院議員を起訴、拘置した。捜査や弾劾は政敵攻撃が目的だったとの批判もあったが、国民から大きな反発はなかった。こうした腐敗追及が貧困削減に結び付いた証明もないが、大統領個人として最後まで汚職のうわさが聞こえてこなかったこともあり、政権末期になっても、歴代政権に比べて高支持率を維持した。

ノイノイ政権下の経済は好調だった。任期中、平均六％を超える国内総生産（GDP）の伸びを記録した。歴代政権下の平均成長率（国家統計局調べ）はシニア三・五％、コラソン・アキノ四・一％、ラモス三・八％、エストラダ二・七％、アロヨ四・四％だった。つまりノイノイ政権の実績は過去最高であり、アジアのなかでも最高に近い伸びを示した。GDPの七割を占める個人消費が好調だったことに加え、ビジネス・プロセス・アウトソーシング（BPO）を中心にしたサービス産業が拡大した。一五年のBPO産業の規模は二一〇億ドルで、主要な外貨獲得の手段となった。BPO就労者は一二〇万人に達するとされ、雇用の改善にも寄与した。欧米格付け会社のレーティングもたびたび引き上げられ、「投資適格」となった。

南シナ海の領有権を争う中国を相手取り、国連海洋法条約に基づきオランダ・ハーグの国際仲裁裁判所に提訴する一方で、米国との間で防衛協力強化協定(EDCA)を締結し、安全保障面での連携を強めた日米の政府関係者らの評価も高かった。

高支持率下で蓄積したフラストレーション

それにもかかわらず、ノイノイの政権下でも国民のフラストレーションは確実に蓄積されていたようにみえる。経済は好調でもインフラ整備が進まなかった。財政黒字でありながら、政府予算で大規模な基盤整備に乗り出すことはなかった。官民連携方式(PPP)を主な手段と定めたが、政府に対する企業側の不信感もあり、六年間でPPP方式によるインフラ事業の完成はゼロだった。世界最悪のひとつとされるマニラ首都圏の渋滞は緩和されなかったし、父の名を冠したニノイ・アキノ国際空港のお粗末な設備やサービスが改善されることもなかった。

東南アジア最悪とされる外資規制もほとんど緩和されなかった。日本貿易振興機構(JETRO)によると、二〇一五年にフィリピンが受け入れた外国投資は約四二億ドル。アロヨ政権下に比べて数倍になったと政府は主張するが、インドネシア二八五億ドル、ベトナムの二一九億ドルなど周辺国より一ケタ少なく、ミャンマーの四四億ドルにも及ばなかった。海外出稼ぎの送金が二五六億ドルだから、その六分の一に過ぎなかった。

ノイノイは憲法の経済条項を改正し、外資が進出しやすい環境を整えようとしたが、議会の反対で頓挫した。憲法改正は大統領の任期延長につながりかねない、シニア時代の強権政治に逆戻りするきっかけになるなどが反対理由だが、非関税障壁に守られた当地の財閥の意を受けた議員らによる既得権擁護が本音のようにみえた。

ノイノイの六年間は「もったいない時間」だったというのが私の印象だ。高い支持率を背景に必要な改革をもっと進めることができたのではないかと思うのだ。母が死ななければ大統領になることはなかったし、その座を強く望んでいたようにもみえなかった。心構えも十分でないままトップになってしまった観がある。何よりマシパグ(仕事熱心)な性格ではなかった。懸案を解決する意思とガッツに欠けていたように私の目には映った。

にもかかわらず高い支持率を保ったのはなぜか。幸運や時代に恵まれたこともあるが、逆説的に言えば、何もしなかったことが幸いした面もある。シニアのように戒厳令を敷いて国の富を収奪したり、アロヨのように汚職にまみれたり、エラップ(ジョセフ・エストラダの愛称)のように賭博や飲酒におぼれたりすることもなかった。悪行を重ねるぐらいなら、「何もしない」ことがフィリピンの政治家には時に美徳となり、業績にもなりうる。

母方のコファンコ家はタルラック州にある大農園の地主である。農民搾取の象徴だ。そんな家柄でも母と同様、「個人としては悪いことをしない」。これがこの国では大切なのだ。

悪いことはしないが、優柔不断と評された六年を経て、国民は一六年の選挙で、強い(ようにみえる)リーダーを選んだ。多くの国民も政治に飽き足らなさを感じていたからこそ、ロドリゴ・ドゥテルテの剛腕に将来を委ねたのであろう。

ノイノイは二一年六月二四日、マニラ首都圏の病院で死亡した。六一歳だった。シニアと同じ腎臓疾患だったとされる。

第3章　ドゥテルテの登場と麻薬撲滅戦争

強面のスタンダップ芸人

二〇一六年五月七日、フィリピン大統領選挙戦最終日の夕方、マニラのリサール公園には三〇万人(主催者発表)の人々が詰めかけ、「ドゥテルテ、ドゥテルテ」とチャントを繰り返していた。「アナック」(息子よ)のヒットで日本でも知られる歌手のフレディ・アギラが自身のヒット曲の歌詞を変えた応援歌で盛り上げた後、赤いポロシャツにジーンズ姿のロドリゴ・ドゥテルテがマイクを握った。周囲はすでにとっぷりと日が暮れていた。

ここからが独壇場だ。「麻薬の売人や凶悪犯は殺してやる、待ってろ」。どや顔ですごみ、「フィリピンはなんでいつまでたってもこんな体たらくなんだ」と嘆いてみせる。「政府は答えろ。通勤列車に乗るのになんでこんなに長く並ぶのか。なんで貧しいままなのか。なんで政治家は公約を守らないのか」と憤りをぶつける。国旗にキスをして愛国心をアピールもする。一見どこにでもいる酔っ払いのおやじのような風体でぼそぼそとくぐもった声で話す。他候補と違うのは、一時間半にわたる演説中、タガログ語、英語に母語のビサヤ語を交えて、二、三分に一回は聴衆を爆笑の渦に引き込む話術だ。本人はほとんど笑わない。フィリピン版「必殺仕掛人」か、はたまた強面《こわもて》の漫談師、スタンダップ芸人か。私はこの日、他の有力候補の集会にも顔を出したが、会場の熱気からドゥテルテの勝利を確信した。

ドゥテルテは前年一五年一一月二一日に大統領選への立候補を表明した。南部ミンダナオ島の中心都市ダバオの治安を回復させ、経済発展させた剛腕市長として出馬を期待する人たちの声が盛り上がっていたが、それまでは「マラカニアンに行くなら死んだ方がましだ」「私の出馬を画策する人物を殺す」とまで言い放ち、一〇月にはダバオ市長選への立候補を届け出ていた。ところが、所属政党の大統領選候補として届け出た人物がこれを取り下げ、「代理候補」として立候補するという抜け道を使って出馬にこぎつけたのだ。相当な裏技である。

民間調査機関「ソーシャル・ウェザー・ステーションズ」(SWS)の支持率調査では、ドゥテルテは立候補表明から四カ月ほどは三、四位をうろうろしていたが、選挙戦での語り口が全国に広まった三月下旬に首位に立つと、その後差を広げ、五月九日の投票では一六六〇万票を獲得し、大統領ノイノイ・アキノが推したマル・ロハスに七百万票近い差をつけ、快勝した。

同時に投開票された副大統領選では、ノイノイの支援を受けたリベラル派弁護士のレニー・ロブレドが二五万票差ながらボンボンに勝利した。レニーは、ノイノイが絶大な信頼を寄せていた内務自治相ジェシー・ロブレドの妻だ。ジェシーは一二年八月、不慮の飛行機事故で死亡していた。ボンボンは選挙不正があったとして訴訟に持ち込んだものの退けられた。その二人が再び相まみえた二二年の大統領選では、ボンボンがダブルスコアでロブレドに圧勝した。六年の任期中、ロブレドはドゥテルテと対立し、干されながらも貧困対策や災害復旧などに取り組み、一定の評価を受けてきた。一方のボンボンは無役だった。にもかかわらずボンボンが大勝した背景には、ドゥテルテ時代に起きた政治・社会の変化があり、人々の投票行動に影響を与えたと推定できる。実際、ドゥテルテ政権下でフィリピンの民主主義をめぐる状況は大きく変化した。この時代の検証は、マルコス家復活の謎の解明にも欠かせない。

乗車拒否をしないタクシー

二〇一五年八月、私は約二〇年ぶりにダバオを訪れた。ドゥテルテが大統領に上り詰める前、ダバオ市長時代の最後の年である。印象に残ったのは、タクシーが乗車拒否をせず、何も言わずにメーターを倒して目的地に向かうことだった。日本からすれば当然でも、マニラ首都圏では行き先や運賃が気に入らなければ運転手は当たり前のように乗車拒否をする。メーター使用を拒否して不当な額を要求したり、高額な上乗せを求めたりする運転手との遭遇は日常茶飯事だ。素直にメーターを倒すのはせいぜい三台に一台。文句も言わないなと思ったら、改造メーターで料金がどんどんあがることもある。

それがダバオでは乗車拒否どころか、釣り銭さえ返そうとする。マニラではチップが少ないとごねる運転手はいても釣り銭を自分から返そうとする運転手はまれだ。なぜ運転手の行儀がよいのか、と聞けば、人々は「ドゥテルテだから」と口をそろえた。ぼったくりやお釣りのごまかしなどの悪行が市長の耳に入れば、ただでは済まないというのだ。

ダバオは、二四〇〇平方キロメートルとフィリピン最大の面積を誇る自治体だ。人口はマニラ首都圏に次ぐ約一九〇万人(二〇一二年)だ。日本とのつながりは深く、戦前はマニラ麻栽培の関係者を中心に約二万人の日本人が住んでいた。リトルトーキョーと呼ばれ、東南アジア屈指の日本人コミュニティーが形成されていた。

ドゥテルテは一九八八年以来、一貫してこの都市のボスであり続けた。市長として通算七期二二年を務めた。憲法の規定で連続して市長を務められるのは三期までなので、その後は娘のサラにポストを譲って副市長や下院議員に転じても三年後には再び市長に戻り、実権を握り続けた。

ドゥテルテは一九四五年三月二八日、アジア太平洋戦争で日米が激突した中部レイテ島で弁護士の父と教師の母との間の第二子で長男として生まれた。四歳の時、一家でダバオに移住し、父は五九年から二期ダバオ州知事を務めた。地方では裕福な家庭だったが、本人は自他ともに認める不良少年だった。高校時代は二度退学となり、通常四年で卒業する高校に七年をかけたという。大統領就任後、「一六歳の時、人を刺し殺した」と話している。[1] ダバオからマニラに出て大学を卒業した時には二七歳になっていたが、司法試験に合格し、三二歳でダバオで検察官に採用された。八六年の政変後、コラソン・アキノ政権はドゥテルテの母ソレダードをダバオの副市長に指名しようとした。政変時にアキノを支持し、反マルコス活動に力を入れていたからだ。母は自分に替わって息子を推薦し、認められた。そして八八年、ダバオの市長選に立候補し、当選。政治家ドゥテルテが誕生した。四二歳だった。[2]

治安回復で辣腕

市長就任当時、ダバオは国内で最も治安の悪い都市とされていた。一般犯罪に加え、フィリピン共産党の「新人民軍」(NPA)が周辺を跋扈し、殺人や誘拐が頻発していた。ドゥテルテは自ら先頭に立って治安の改善にあたった。麻薬組織も標的にした。その過程で、司法手続きを経ずに殺される「超法規的殺人」が相次いだ。DDS(Davao Death Squad)という私兵集団が暗躍し、多くの殺人に関与したとされる。ＤＤＳはその後、ドゥテルテの熱狂的支持者の呼び名ともなる。Duterte Diehard Supporters の略だ。

ともかくにも、ドゥテルテと娘のサラが市政を独占してきた四半世紀を経て、「ダバオはフィリピンで最も安全な街に生まれ変わった」とドゥテルテ陣営は喧伝し、多くのエピソードが出回った。夜間、ドゥテルテはタクシーの運転手に成りすまして街を「パトロール」し、時に強盗を捕まえた、覚せい剤密造工場の摘発で銃撃戦の先頭に立ち大立ち回りをした……。週一回は市長室に市民を入れ、一人ひとりの陳情を聞いて解決策を部下に指示したのは事実だ。毎回二〇〇人以上の列ができた。ローカルテレビに毎週末に番組をもっており、市の直面する課題や運営方針について地元のビサヤ語で市民に語りかけた。

ダバオでは公共の場での禁煙が徹底されている。コンビニでもたばこは買えない。マニラ首都圏でも空調のある施設内は本来、禁煙だが、酒を出す飲食店ではかなりルーズに喫煙がされている。ところがダバオでは禁煙が徹底されていた。この国の正月のカウントダウンにつきものの爆竹もダバオでは鳴らない。

街の景観は首都圏や他の都市と相当違う。フィリピンの多くの街では公共施設、庁舎、走り回る救急車などに必ずと言ってよいほど市長、議員らの写真と名前を掲げたポスターやステッカーがデカデカと貼ってある。公金で運営されている施設や車であってもお構いなしだ。選挙で勝ったものの特権だといわんばかりである。ところがダバオでは政治家の顔写真がほとんど見当たらない、一人を除いて。例外はやはりドゥテルテだ。が、それとて支持者が自宅、会社の軒先に貼り出したものに限られ、公共施設、まして救急車ではみかけない。乗車拒否も喫煙も爆竹も政治家の写真もすべてドゥテルテがやめさせた。こうした「神話」交じりの情報が全国に伝わり、あるいは伝えることでドゥテルテは大統領への階段を上った。

自宅前の等身大パネル

二〇一七年一月、私は市の中心部から車で三〇分ほどの住宅地にあるドゥテルテの自宅を訪ねた。玄関前には等身大の写真パネルが置いてあった。一日数百人が訪れる新たな観光名所となり、観光バスで乗りつける団体もあった。訪問者はパネルと並んで写真に納まる。大統領の知人が「何もなければ普通の家と変わらないし、せっかく多くの人が来てくれるのだから目印にでも」と本人の了解を得て設置したという。

当の住宅は、フィリピンの人々からみても質素といえる二階建てだ。角地で間口は三〇メートルに満たない。両隣は弟と息子がそれぞれ家を構えている。裏手はゴルフ場だが本人の所有ではない。市長になる前の一九八〇年代初頭、この住宅地が開発された際に購入してからずっと住み続けているという。住宅地に入るには二つの検問を通り、それぞれ身分証を見せて署名をする必要があった。自宅周辺は戦闘服姿の大統領警備隊員とダバオの警官が目立つほか、私服の公安も数多く配置されていた。住宅地の道端では屋台でTシャツやマグカップ、ステッカーなどドゥテルテ・グッズを売っていた。

ドゥテルテは大統領の任期中も週の半分ほどをダバオで過ごした。地域経済の活性化を考えてのことと指摘する人がいた。確かに表敬に訪れる外交官、財界人らが列をなす。各国大使は大統領就任前にこぞってダバオ詣でをした。経済セミナーなども活発に催されるようになり、飛行機、ホテルの予約がとりにくくなることもあった。日本からも首相(当時)の安倍晋三が一七年一月、自宅を訪れ、朝食を共にした。マニラの主要紙やテレビの記者も交代でダバオに詰めた。突然の記者会見がしばしばあるからだ。ホテルでは金がかかるとアパートを借りた社もあった。地元記者は「この街最大のアトラクションは大統領」と話していた。

剛腕で麻薬取り締まりを徹底して治安を回復する一方で、質素な暮らしで汚職と無縁。ドゥテルテはこうしたイメージづくりに成功した。

大統領選終盤の一六年二月、上院議員アントニオ・トリリャネスが、大統領と家族が二四億ペソを不正蓄財していると口座記録のコピーをもとに追及した。一一年から一三年にかけては、ダバオの実業家から一億二千万ペソが大統領や家族の口座に振り込まれたとも指摘し、口座履歴の公開を求めたが、ドゥテルテは「銀行の判断に任せる」などと言を左右にして結局公開しなかった。メディアも議会も徹底した追及は行わず、うやむやのままである。それでもドゥテルテの得票にも支持率にもほとんど影響はなかった。

欧米中心の麻薬撲滅戦争批判

ドゥテルテ政権の六年間で、国際的に最も注目を集めたのは「麻薬撲滅戦争」である。選挙時に最大公約として「半年でこの国から麻薬を一掃する」と豪語したが、退任半年前の二一年一二月の演説では「一分ごとに、バカなやつが同じことを繰り返すので撲滅することはできなかった」と未達を認めた。

政府は六年間で、二〇〇〇万人以上の薬物依存者を更生させ、三〇万人以上の容疑者を逮捕、六四〇億ペソ相当の違法薬物を押収したと成果を発表したが、世界が注目したのは、「戦争」による死者の数だ。大統領府麻薬取締局（PDEA）による公式発表でも二二年二月末までに六二三五人が捜査の過程で殺害された。[3] 人権団体によると実際には二〜三万人が死亡し、多くは司法手続きを経ない超法規的殺人だった。マルコス独裁政権下の二〇年余りに殺害された人権弾圧被害者三二〇〇人と比べても、法外な数字である。[4]

国連人権理事会は一九年七月一一日、「戦争」に関する包括的報告書の提出を求める決議を採択した。ドゥテルテの就任以来、人権理事会が特別報告者をフィリピンに派遣する方針を伝えたが、「報告者がフィリピンの悪印象を国際社会に広げたことに対する謝罪」や大統領との公開討論会の開催など、無理難題ともいえる条件を付けることで、事実上受け入れを拒否した。さらにドゥテルテがダバオ市長時代に薬物密売容疑者三人を射殺したと公言したことを受け、国連人権高等弁務官は一六年一二月二〇日、フィリピン司法省にドゥテルテを殺人容疑で捜査するよう求めた。こうした動きがあるたびにドゥテルテは「バカは何も理解しない」「頭はでかいが空っぽだ」「ワニの中に放り投げてやる」などと罵詈雑言を対象者に浴びせてきた。「戦争を宣言した以上、刑法の殺人罪が適用されるものではない」というのがドゥテルテのロジックだ。

なかでも最も激しく反応したのは、国際刑事裁判所(ICC)の捜査だ。ICCは〇三年、個人の国際犯罪を裁く裁判所としてオランダ・ハーグに設置された。フィリピンは一一年にICCを承認するローマ規程の締約国となっていた。

ICCの捜査と脱退

ダバオでドゥテルテが組織した処刑団DDSの一員だったという男の弁護士が一七年四月二四日、麻薬捜査に伴う超法規的殺人は「人道に対する犯罪」と「大量虐殺」に相当すると訴え、ドゥテルテに加え、司法相のビタリーノ・アギレ、警察庁長官のロナルド・デラロサ(後に上院議員）ら側近をＩＣＣに告発した。訴状は、ダバオ市長時代に一四〇〇人以上、ドゥテルテ政権下（提訴時点）で八千人以上が「戦争」の犠牲になったとしたうえで、「戦争」による超法規的殺人には以下の共通点があると指摘した。国家警察・国軍の関与／バランガイ（最小行政区）と警察の協力／身元不明の暗殺者の存在／オートバイに乗った覆面の二人組の犯行／殺害に報酬／殺人対象リストの存在／遺体はテープで巻かれ、メッセージが記された紙や銃、違法薬物などが置かれる——。告発者である元ＤＤＳの男は上院の聴聞会で、犯罪者を自らの手で殺害したと証言した。続いて一八年八月には警官に家族を殺害されたとする遺族ら六人がＩＣＣへ提訴した。これに対してフィリピン政府は一八年三月、ドゥテルテの指示を受けてＩＣＣに脱退を通告、規則により一年後に正式に脱退した。それでもＩＣＣは、脱退以前に開始された捜査は継続されるとの立場を明らかにした。

ＩＣＣの主任検察官は二一年六月一四日、「戦争」における「人道に対する罪」に関する本格捜査開始の許可を同裁判所に求めた。対象はドゥテルテがダバオ市長時代の一一年一一月から、フィリピンがＩＣＣを脱退した前日の一九年三月一六日までの間で、「戦争」に関連して一万二千～三万人が死亡した殺人事件だ。

主任検察官は、「戦争」が大統領本人や政府高官の指示の下、国家警察やＰＤＥＡを主体に実行され、報酬が払われる形で警官や自警団、暗殺請負人による超法規的殺人が横行したと指摘し、政権の積極的関与により「加害者が罪に問われない不処罰の文化」が広がったと断じた。ダバオ市では、ドゥテルテが市長に初当選した一九八八年から、大統領に当選した二〇一六年までに同様の状況が続いたとも指摘した。

その後、紆余曲折はあったが、捜査は二四年七月現在継続されている。

少年の犠牲と「反戦」運動の一時の盛り上がり

一七年八月二五日、マニラ首都圏カロオカン市のスラム地区にあるデロスサントス家では一七歳の息子キアンの葬儀が執り行われていた。土砂降りでぬかるんだ路地に多くの同級生や隣人らが集まり、ロウソクをともして亡き友の冥福を祈っていた。目についたのは「貧者を殺すな」「処刑ではなく、リハビリを」といったプラカードだ。

八月一六日、夕方に学校から戻ったキアンは「ちょっとそこまで買い物に行く」と言い残して家を出たが、一時間ほど後に近くで無残な射殺体となって発見された。前日の一五日、警察は隣接するブラカン州で「戦争」の一環として「one time big time(一度にたくさんやっつけろ)」と称する作戦を展開し三二人を殺害した。ドゥテルテは「Maganda」と称賛した。美しい、あるいは素晴らしいという意味だ。これに促されたように、警察は翌日から連日一〇人単位で「容疑者」を殺害し、数日でその数は一〇〇人近くに達した。そのなかの一人がキアンだった。

貧しい人たちが多く住むこの一帯には麻薬汚染が広がり、警察の手入れがたびたび行われていた。

検視の結果から、無抵抗のキアンが後頭部や耳を撃ち抜かれた疑いが強いとみられた。防犯カメラには、少年が複数の警官らに引きずられていく様子が映っていた。キアンを殺害した警察官三人は、キアンが銃を持って抵抗した、麻薬の運び屋だった、などと証言した。しかし白い棺に納まった息子に目をやりながら、父のサルディは強く否定した。「警察官になりたいと言っていた息子がよりによって警官に殺されるなんて」

八月二六日、棺を取り囲んで一〇〇〇人以上が教会、そして墓地へ向けて行進した。超法規的殺人に抗議するプラカードやバナーがたくさん掲げられた。葬列は、政権発足以来最大の「反戦」デモと化していた。

「戦争」による死者は日々うなぎのぼりに増えていた。警察は「取り締まりや逮捕を妨害し、抵抗した場合のみ射殺している」と弁明したが、額面通りに受け取る人はほとんどいなかった。殺された多くは末端の密売人や使用者だ。殺すのは警官のほか、自警団と呼ばれる暗殺隊、密売組織のメンバー、刺客らと想像される。密告に対する報復や利益配分をめぐる内部抗争もあるだろう。しかしより多くは、麻薬組織とつながっていたり押収した麻薬を横流ししたりする悪徳警官や、密売組織の支配下にある自警団による関係者の口封じとみられた。麻薬撲滅を掲げる政権下で自らの悪事が発覚することを恐れて関係者を殺した例が多いのだ。子供や女性らが巻き添えで死亡した事件も相次いだ。

キアンの事件をきっかけに「反戦」機運が盛り上がったのは、少年が無抵抗で連行される映像や、出稼ぎ先のサウジアラビアから急遽帰国した母ロレンサが「家族のために働いてきたのになんでこんな目に」と泣き叫ぶ様子が繰り返しテレビで放映されたためだ。麻薬戦争にからみ、容疑者を撃ち殺した警官らを一貫して擁護してきたドゥテルテもキアンの死亡が世間の耳目を集めると一転して、実行犯の三警官については「犯罪が証明されたら、刑罰を受けさせる」と姿勢を変えた。それでも、「戦争」そのものは「やめない」と言明した。

デロスサントス夫妻は大統領選でドゥテルテに一票を投じたという。私は大統領への思いを聞いた。サルディィは「悪いのは三人の警官。大統領を恨んではいない。今でも支持している」という。息子を死に追いやった「戦争」の最高責任者ではないのか、と改めて問うと、ロレンサが「大統領に助けてもらいたい」と答えた。それは息子を殺した警官らの処罰と、苦しくなった暮らしへの支援だという。夫妻と四人の子供の生計は主に、サウジで住み込みの家政婦をするロレンサの収入で支えられていた。八月二八日、夫妻はマラカニアン宮殿に招かれた。こぶしを突き出すドゥテルテ得意のポーズで大統領と一緒に写真に納まった。政府はいち早くこの様子をメディアに配信した。ドゥテルテを支持するインフルエンサーらはSNSを通じて

「(これまでキアン事件で政府を批判した)報道が偏向していた証だ」などと書き込んだ。

麻薬戦争で警官に殺害された犠牲者らが泣き寝入りを強いられる理由のひとつは、憲法一六条三項が「国は国の同意なしに訴訟を起こされることはない」と定めているからだ。つまり国民が国家を相手取って賠償を求める国家賠償訴訟が認められていない。キアンの事件のように無辜《むこ》の国民が国家権力によって殺害されても、正当な賠償を求めることはできず、大統領や政府の慈悲にすがるしかない現実がある。キアンの犠牲で一時的に盛り上がった「戦争」反対の機運は時がたつにつれて沈静化した。

治安の改善が支える「戦争」への支持

国連や欧米諸国、人権団体、外国メディアは「超法規的殺人」を強く非難してきた。しかしフィリピン国内ではドゥテルテ個人の人気もさることながら、「戦争」そのものへの支持は強かった。SWSの定期調査では政権発足から終了まで、「戦争」について最低でも七五%の国民が支持しており、最高は八五%を記録している。

麻薬汚染を身近に感じる国民の危機感の表れともいえる。政府の推定では薬物依存者は四〇〇万人。大家族が多いフィリピンでは、庶民層の一家に一人や二人、覚せい剤使用者がいてもそう驚くことではない。だいたいは定職をもたない男たちとみられる。家族の足を引っ張る彼らの存在は家計を支える女たちにとって大迷惑だが、家族愛の強いこの国では、捨てたり絶縁したりすることは難しい。そうした輩が殺されると、母や妻、恋人こそ悲しんでいても、きょうだいや親類は正直ほっとしている。そうした心情が「戦争」を支えた。

ドゥテルテ政権発足後、国民が一定の治安改善を感じたことが「戦争」と政権への高い支持につながった。マニラ首都圏では夜でも安心して歩けるようになったとの声も聞く。治安改善は、公約の一丁目一番地である「戦争」の副産物といえる。実際、犯罪認知件数や統計的に紛れの少ない殺人件数はともに減少している。世界銀行のデータによると、人口一〇万人当たりの殺人件数は、ドゥテルテが政権に就いた一六年には一〇・六四だったが年々減り、コロナ禍前の一九年には四・三二になった。[5] フィリピン警察の発表数でも半減している。

SWSは毎年四半期ごとに「過去半年間で自分を含む家族が何らかの犯罪の被害者になったか」を聞く全国調査を実施している。ドゥテルテ政権時代は政変後の歴代政権のなかで最少を示した。一七年六月の三・七%は過去最少だった。ノイノイ・アキノ政権下では一四年六月の六%が最少、最多は引き継いだばかりの一〇年九月で一三%だった。

麻薬問題は解決に向かったのか

国民が許容している限り、人権云々などと国際機関や外国政府、海外メディアが外から口をはさむのはお門違い、とドゥテルテ側は主張する。邦字紙「まにら新聞」の元編集長の石山永一郎も麻薬戦争について「民主主義が機能し、言論の自由がかなり機能している国で、国民が高く評価している指導者と政策に対し、国際社会が真っ向から否定するというのは、建設的とは思えない。フィリピン人の評価を見下している」としたうえで「法と秩序が一定以上に保たれている国の人々が、それがないゆえに苦闘している国の実態を知ろうともせず、その指導者を一方的に批判し続けるのは、歴史学などでいう「アームチェア批判」(現地の事実を知ろうとせず、書斎の揺り椅子に座りながらの批判)とも言える」と論じている。[6] 確かに欧米目線での一方的な批判には時に一種のうさん臭さが付きまとう。しかしフィリピンで「民主主義が機能し、言論の自由がかなり機能している」かどうかについては評価が分かれるだろう。

麻薬戦争に関する私の根本的な疑問は、これだけの犠牲を払いながら、果たして麻薬問題は解決に向かったのか。さらに言えば、ドゥテルテには本気で麻薬を撲滅する気があったのかという点だ。

就任当初、ドゥテルテは麻薬取引のボスとして多くの名前を挙げ、リストを載せた紙を掲げて見せた。関係する多数の議員や首長らに加え、裁判官も含まれていると言った。ただし根拠や証拠を示したわけではない。六年間でこのうち何人が摘発されたのか。政府は明らかにしないし、報道でも見かけない。退任を一カ月余り後に控えた二〇二二年五月一二日、ドゥテルテは「あと三人から五人の麻薬王を殺害するよう取り締まり当局に命じる」と述べた。何をいまさら、と感じたのは私だけではあるまい。殺された容疑者のほとんどが末端の売人か使用者で、麻薬王と呼ばれる元締めが摘発された例はごくわずかだ。麻薬の主な輸入元は中国とみられるが、親交を深めた習近平ら中国政府の幹部に取り締まりを求めた形跡もない。

一七年九月には、ドゥテルテの長男で当時ダバオ市の副市長だったパオロが、長女サラの夫マナセス・カルピオとともに中国から六四億ペソ相当の覚せい剤の密輸の手引きをしたとする疑惑が発覚、上院で公聴会が開かれた。パオロは関与を否定したが、同年一二月に「私の人生に最近起きた不幸な出来事の責任を取る」として副市長を辞任した。ドゥテルテはこの時、捜査を促すこともなかった。パオロにまつわる麻薬疑惑は以前からダバオではささやかれていた。

本気で麻薬取引を撲滅するためには、警察をはじめとするこの国の官憲の闇に斬り込む必要があるが、ドゥテルテはそこにはほとんど手を付けなかった。

罪はあっても罰はなし

ドゥテルテ政権の負の側面のひとつは、ＩＣＣも指摘するように「不処罰の文化」を広げたことだ。法の支配を軽んじ続けたともいえる。政権の側に就いていれば罪を犯しても罰せられることはほとんどなかった。

もともとフィリピンには「不処罰の文化」の土壌があると私は考えている。ドゥテルテ時代に限った話ではない。罪に対する社会の寛容さ、当事者の悪びれなさが他国に比べても際立っているように思えるのだ。国民の大多数を占めるカトリック教徒の「懺悔すれば赦される」といった精神が関係しているのかもしれない。よく言えば「罪を憎んで人は憎まず」。だがそこに信賞必罰といった原理原則は見当たらない。例えば、政府転覆を謀るクーデターが失敗すれば、たいていの国で死刑や終身刑の重罪が科されるが、フィリピンではコラソン・アキノ政権やアロヨ政権の転覆を謀るクーデター計画に参加した将校らがその後免責され、政府高官に就任した例はあまたある。兵士らへの罰が「腕立て伏せ」だったこともある。

不処罰の文化を背景に、刑事司法制度が有効に機能していないため、殺人の請負なども後を絶たない。殺人を犯しても捕まらない、捕まってもうまく手を回せば軽微な処分をうけるだけだという期待が多くの人を犯罪にいざなう。

ドゥテルテ政権の麻薬撲滅戦争下では、多くの超法規的殺人が繰り広げられたにもかかわらず、「戦争犯罪」に問われた当局者はほとんどいなかった。これで「罪に問われない文化」は以前にも増して広がり、深く根をはった。ドゥテルテは就任直後、「戦争」の過程で罪に問われた警官は恩赦すると発言し、「殺しのライセンス」と人権団体に批判された[7]。つまり大統領公認なのだ。実際は恩赦以前に、捜査機関はもとより、裁判所もドゥテルテの影響下に入り、警官らの暴挙に対する歯止めとはならなかった。「戦争」では、政府認定だけでも六二三五人が捜査の過程で殺害され、多くは超法規的殺人だったが、そのうち非合法な容疑者殺害と政府が認定したのは二二年八月時点で五二件、二四年七月現在、有罪となったのはキアン事件の容疑者である警官三人を含めても一〇人に満たない。

違法薬物捜査で逮捕された容疑者が拘置中に警察署内で殺害される例も相次いだ。有名なのは、中部レイテ島アルブエラの町長ロランド・エスピノサが一六年一一月に拘置中に射殺された事件だ。殺害の理由は不明だが、エスピノサが口を開けば窮地に陥る人間の数は数えきれないほどだった。麻薬王として有名だった町長親子に対し、ドゥテルテは「出頭しないと、警察が殺すだろう」と同年八月に警告していた。こうした事件があると、当該警察署長らは一時的に職務停止などにはなっても訴追されることはほとんどない。ほとぼりが冷めれば昇進したり、栄転したりする。エスピノサの件はまさしくその例だった。[8] 違法薬物の取引への関与が疑われる政府高官や警察幹部がいても、「身内」であれば処罰されることはなかった。

違法薬物は確かにフィリピン社会を蝕む大きな問題だ。そこに斬り込む姿勢を示したドゥテルテは国民から圧倒的な支持を得た。だが六年間の「戦争」を経ても根絶には遠く及ばなかったことは本人も認めている。根絶など元々無理だったという意見もあろう。本気でやれば、ドゥテルテとて命が危ないという人もいる。

警察、税関、刑務所が麻薬汚染の震源地

日本人からすれば「とんでもない」と感じるだろうが、フィリピンで麻薬汚染がはびこる組織は一に警察、次いで税関、刑務所といったところだ。

警察は麻薬組織からみかじめ料をとり、上前をはねる。麻薬王の用心棒を務める。押収した薬物を横流しする……。警察庁長官が代わると、組織内から違法薬物を排除すると誓うが、達成されたためしはなく、長官自身が関与を疑われる例もある。ドゥテルテが大統領になり、強面で「戦争」を誓うと、これまで貢がせていた密売人をあわてて「処分」した例が「超法規的殺人」の相当部分を占めるだろう。

警察の腐敗ぶりについて、わかりやすい例を挙げると、一六年一〇月、警官らが麻薬捜査を名目に五三歳の韓国人ビジネスマンをパンパンガ州の自宅から連れ去り、家族に五〇〇万ペソの身代金を要求した事件がある。身代金を受け取ったうえ、さらに四〇〇万ペソを追加で要求する一方、ビジネスマンを国家警察本部内で射殺し、遺骨を葬儀場のトイレに流したのだ。事件が発覚すると上下院で国家警察庁長官デラロサ（後の上院議員）の罷免を求める声が上がったが、ドゥテルテはかばい続けた。ダバオ市長時代に地元警察署長として仕え、大統領就任とともに警察トップに取り立てた側近だからだ。

ボンボン政権になってからも事態は改善されていない。二二年一〇月、国家警察麻薬取締班が首都圏マニラ市のトンド地区にある消費者金融会社の事務所を捜索し、経営者を逮捕するとともに九九〇キログラム（末端価格で六七億ペソ）の覚せい剤を押収した。ところがその後、押収物のうち四二キログラムを盗んだ捜査員らが自首したため、防犯カメラの映像を解析したところ、捜査を担当した警官五〇人全員が横領に加担していたことが明らかになった。うち一二人が幹部警察官で、さらにうち二人は警視長級と警視級の幹部だった。つまり麻薬取り締まりの総本山が組織ぐるみで押収物を横流ししていたのだ。一応ニュースにはなったが、国民が驚きをもって受け止めたというほどではなかった。警察庁長官らが処分されたわけでもない。よくある話なのだ。

密輸入取り締まりの最前線である関税局（税関）は一方で密輸入見逃しの最前線でもある。ドゥテルテが最初に関税局長に指名したのは、アロヨ政権にクーデターを仕掛けた海兵隊の士官だったニカノール・ファエルドンだった。ところが間もなく大量の覚せい剤が中国から密輸された事件への関与を問われ、退任した。上院公聴会での証言を拒んだため、いったん拘置されたが、すぐに市民防衛局次官に、次に全国の刑務所を管理する矯正局長に任命された。ここでファエルドンは女子大生強姦殺人事件の主犯ら多数の凶悪犯を恩赦で釈放する命令に署名した。これが発覚し世論の猛反発を受けて解任された。

ファエルドンの後任の関税局長は、ドゥテルテのダバオ市長時代に地元警察署長を務めたイシドロ・ラペーニャだった。一八年八月に再び税関で巨額の覚せい剤密輸事件が発覚、ラペーニャも関与が疑われ解任されたが、閣僚級の技術教育・技能開発庁(TESDA)長官に昇進した。違法薬物を根絶するには密輸防止が欠かせない。ところが摘発の元締めである関税局が腐っていては、ざるで水をすくうようなものだ。ドゥテルテ政権が関税局の浄化を成し遂げたと評価する人はいないだろう。

無法がまかり通る収容施設

警察や関税局とともに麻薬取引で主要な役割を果たしているのが刑務所である。なかでもアジア太平洋戦争後、多くの日本人BC級戦犯が長く収監されていたことでも有名なニュービリビッド(モンテンルパ)刑務所は違法薬物取引の中心地とされている。大物受刑者が刑務所のなかから麻薬取引を指示するのだ。

日本全国で相次いだ特殊詐欺や強盗事件をフィリピン・マニラ首都圏から指示していた日本人らが二三年二月に強制送還された「ルフィ」事件の舞台は出入国管理施設だったが、刑務所でも様子は同じだ。日本の感覚からすれば、外部の世界から遮断されて暮らすはずの囚人や収容者が、この国では結構な自由を謳歌している。拘束された身で、強盗の実行犯や詐欺の受け子、出し子らに指示できるのは、収容所内で携帯電話が自由に使えたからだ。刑務所でも受刑者の多くは携帯電話を所持している。

私も特派員としてマニラに駐在していた一九九〇年代半ば、刑務所を取材で幾度か訪れた。当時も個室やエアコン、冷蔵庫を持つ囚人がいた。日本人死刑囚が刑務所内で現地の女性と知り合い、結婚した例もあった。看守や職員を買収すれば、外出や外食だって認められる。今にいたるまでそうした実態は変わらない。

歴代政権は、暴動などが起きた時だけ、通り一遍の対処をするが、本格的にメスを入れたことはない。不思議である。定員の四倍とされる三万人近くが収容されており、数のうえで囚人が看守を圧倒しており、制御がきかないという説明もされるが、刑務官で足りなければ警察を、警察で足りなければ軍を動員して一挙に内部を捜索し、個室や不要な設備などを一掃、薬物や銃器を押収すればよさそうなものだが、ドゥテルテも手を付けなかった。

手を付けなかっただけではない。覚せい剤密輸疑惑の関税局長ファエルドンをその刑務所管理のトップにもってきた。さらにファエルドンが更迭されたあとにいわくつきの人物、ジェラルド・バンタグを矯正局長に据えた。

矯正局長がジャーナリスト殺害を指示

バンタグは首都圏で五カ所の刑務所長を務めてきたが、その間、未成年者の殺害を企てたり、飲食店で代金を払わずに発砲したりしたとして起訴された。パラニャーケ刑務所時代には所長室で手りゅう弾が爆発し、一〇人の収容者が死亡する事件も起きている。バンタグはボンボン政権となった後の二二年一〇月に解任された。ジャーナリスト、ペルシバル・マバサが帰宅中、マニラ首都圏の住宅地でバイクに乗った二人組に射殺された事件があり、殺害を指示した疑いが持ち上がったからだ。

マバサはラジオ番組の人気キャスターで常々、ドゥテルテやボンボンを批判していた。さらにバンタグ管理下の刑務所で、収監中の死刑囚の「麻薬王」らが相次いで死亡した件でバンタグ関与の疑いを指摘するとともに、矯正局長になってから豪勢な自宅に一一台の車を所有するようになったと批判していた。

マバサ殺害の実行犯は防犯カメラに映った自身の姿が公開されたため、逃げ切れないと観念して出頭した。実行犯はニュービリビッド刑務所に収容されている仲介者から五五万ペソの報酬で殺害を依頼されたと供述したが、その翌日に仲介者は刑務所内で不審死を遂げた。捜査の結果、バンタグはマバサ殺害を指示し、口封じのために仲介者も殺したとして起訴された。

二二年一一月二〇付の日刊紙フィリピン・デイリー・インクワイラー（電子版）によると、バンタグの解任後、収容施設の一棟を抜き打ち検査したところ、携帯電話一一四二台、銃器や刃物など武器類一三一四丁が発見され、缶ビール七五一二缶、現金五万五千ペソ、たばこ一〇一九本、麻薬などが押収されたという。まさに無法地帯の様相である。バンタグは二四年七月現在逃走中で逮捕されていない。

バンタグもファエルドン同様、熱烈なドゥテルテ支持者だった。日本の首相は閣僚らが不祥事で更迭されると一応「任命責任を感じる」と殊勝な態度を見せるが、ドゥテルテは「スキャンダルにまみれた機関(矯正局)を管理できる「聖人」は見当たらなかった」と開き直った。身内であれば、適性は無視して重要ポストに就けることに一貫してためらいはなかった。

コインの表裏の美徳と悪徳

フィリピンの刑事司法はなぜまっとうに機能しないのか。途上国一般の事情として警官、検察官、刑務官、裁判官らの司法関係者をはじめとする公務員の給与が安く、それだけでは十分に生活できない状況がある。為政者からすれば、給料は安いが、権力を与えているのだからそれで何とかしろという暗黙の含意があるともいえる。警官が交通違反者に賄賂を要求する姿は途上国ではよく見かける。裁判官も時に買収される。

刑事司法が機能せず、不処罰の文化がなかなか改まらないのは、それがまさに「文化」であるからだ。そしてこの国では悪徳は往々にして美徳と表裏一体であり、コインの両面を構成する。不処罰と寛容さ、法治と人治、規律・規則より家族愛……。

ルフィ事件でも大きく取り上げられた収容所内の緩さの背景には、囚人であっても家族との面会やスマホを通じた会話を断つのは非人道的といった感覚がこの国にはある。法を犯したものに自由を与えるなら刑罰に値しないと日本人の多くは考えるだろうが、フィリピン人は必ずしもそうは思わない。これまた文化の問題である。

洪水のような「ルフィ」報道を通じて、フィリピンの収容施設はとんでもない運営をしていると日本人の目には映ったはずだ。しかし、スリランカ人女性が健康悪化を訴えながら病院にも搬送されることもなく亡くなった名古屋入管の収容施設の例を、フィリピン人が聞いたらおそらく絶句するだろう。フィリピンの収容施設で日本人が病気になって助けを求めたら、職員らはおそらく見殺しにはしないからだ。

ドゥテルテは麻薬撲滅、ひいては犯罪に立ち向かうと公言しながら、身内の薬物疑惑や殺人は不問にし、時に昇進までさせて不処罰の文化を深化させた。一方で、政敵や批判者にはあらゆる手段を駆使して容赦なく鞭をふるった。世論もそれを容認、あるいは支持をした。選挙によって選ばれた政権が権威主義化する過程の見本を示しているように思える。

第4章　政敵排除と報道の抑圧

元大統領アロヨの無罪放免

ドゥテルテが大統領に就任した直後の二〇一六年七月一九日、元大統領で下院議員のグロリア・アロヨの刑事裁判が終わった。略奪罪に問われたが、最高裁は証拠不十分として公訴を棄却した。一二年に逮捕、起訴されてから四年が過ぎていた。

アロヨは〇七年の上院選をめぐる票数改ざん疑惑で、大統領退任後の一一年一一月までに選挙妨害罪で起訴された。翌一二年七月には慈善宝くじ協会の基金などから三億六六〇〇万ペソを不正流用し蓄財していた容疑で再逮捕された。五千万ペソ以上を不正蓄財した公務員に適用される略奪罪で公務員特別裁判所に起訴されていた。最高刑は終身刑だった。審理が長期化するなか、アロヨは国連人権委員会に救済を求めた。同委は一五年一〇月、長期にわたる未決拘置を「国際法に反する恣意的拘禁に当たる」と指摘し、保釈を認めるよう政府に勧告した。このため最高裁は公務員特別裁判所の審理を一時差し止め、公訴棄却と保釈申請の申し立てについて審理していた。最高裁長官のマリア・ローデス・セレノら四人が公訴棄却に反対したが、一一人の賛成多数で決定が下された。脊椎に持病を患っているとしてアロヨは一般拘置所には収容されず公立病院で拘置されていた。

ドゥテルテは大統領就任前からアロヨの釈放に尽力すると話していた。自由の身となったアロヨは、病院で拘置中、トレードマークのように首につけていた頸椎補助具を外した姿で報道陣の前に現れ、「ドゥテルテ大統領と最高裁判事に心から感謝する」、「私のような被害を受ける人が今後いないように望む」と、訴追はアキノ政権による政治的迫害だったとの認識を示した。

アロヨはドゥテルテ政権下でその後、下院議長となり、政権に全面的に協力した。さらに二二年の大統領選にも深く関与した。BBM-SARA（ボンボンとサラ）のタッグを仕掛けたのはアロヨと言われ、キングメーカーとも呼ばれる政治的な復活を果たした。

アロヨは二三年二月、「国際刑事裁判所（ICC）の捜査からドゥテルテを守る決議」を下院に提出した。[1] ドゥテルテとアロヨという二人の元大統領の持ちつ持たれつの関係やアロヨの無罪放免を「不処罰の文化」の文脈でとらえるのは必ずしも妥当でないかもしれない。司法の判断が入っているからだ。その司法の中立性、行政権力からの独立がどこまで担保されているかは民主主義の成熟度に深くかかわる。ＩＣＣの捜査には「不処罰の文化」や「持ちつ持たれつ」が介在しない。そこがドゥテルテとその政権に連なった権力者らの悩みであり、いらだちの理由であろう。

前司法相の逮捕

ニュービリビッド(モンテンルパ)刑務所が浄化されることがなかった一方で、この刑務所を舞台とした麻薬取引容疑で逮捕された大物がいる。ノイノイ政権時代の司法相で、ドゥテルテが大統領選に勝利した統一選で上院議員に当選したレイラ・デリマだ。同刑務所に収監中の麻薬王から選挙資金などとして数百万ペソ、車四台などを受け取ったとして一七年二月に逮捕、収監された。

デリマは司法相となった一〇年、ダバオ市長だったドゥテルテと処刑団ＤＤＳの関係について調査し、上院議員となってからは司法人権委員長として、政権の超法規的殺人を厳しく批判していた。これに対してドゥテルテは大統領に就任二カ月後の一六年八月、反撃を開始した。デリマが不倫相手のお抱え運転手を通じて麻薬王から金を受け取っていたと発言し、その後、司法省や国会で追及が始まり、デリマの取引関与を証言する証人が次々と現れ、逮捕につながった。デリマは一貫して「政敵を狙ったでっちあげ」と容疑を否認し、司法省も罪状を修正するなど捜査は迷走した。重要証人となるはずの囚人らが刑務所内で不審な死を遂げたり、負傷したりする事案も発生した。「戦争」を批判する議員に対する攻撃だとして国際人権団体をはじめ、欧州議会や米国上院議員らが釈放を求めるなどの動きが相次いだ。

モンテンルパ市地方裁判所は二一年二月一七日、起訴された三件のうち一件について、デリマに無罪を言い渡した。ドゥテルテ政権末期の二二年に入ると、デリマの現金授受などを証言したお抱え運転手や矯正局幹部ら重要証人が相次いで証言を撤回した。なかでも注目されたのは、ケルウィン・エスピノサだ。町長だった父ロランドはドゥテルテが大統領就任直後に「麻薬王」と名指しされ、収容施設で警官に射殺されたことは前章で書いた。ケルウィンは逃亡先の中東アブダビで拘束され、フィリピンに連れ戻された。その後「警察から強要、脅迫されて虚偽の供述をした。自分と家族の命がかかっており、他に選択肢はなかった」と偽証と証言撤回の理由を語った。矯正局幹部は、当時の司法相アギレから虚偽の証言を強要されたと話した。

最高裁長官の解職

デリマと並んでドゥテルテの批判者排除の代表例は、一八年三月に解任された最高裁長官セレノだ。ドゥテルテが大統領就任後、違法薬物取引に関与したとする裁判官のリストを公開したことや、ミンダナオ島全域に戒厳令を布告したことなどを批判してきた。ドゥテルテも「セレノは汚職に手を染めている」などと繰り返し「口撃」し、セレノは「弾劾される事実はない」と応酬した。こうしたなかで、ドゥテルテの支援団体に属する弁護士がセレノの弾劾を下院に申し立てた。一二年の長官就任時に提出した資産報告書に虚偽の内容があり、就任後は予算を不正使用したとの理由だ。下院議員の三分の一が賛成すれば上院で弾劾裁判が行われる。

セレノの前任の最高裁長官レナト・コロナは一二年五月、史上初めて弾劾され、失職していた。コロナは、ノイノイの次期大統領選勝利が確実視されていた一〇年五月に前任のアロヨが最高裁長官に指名した人物だ。汚職や選挙への介入など多くの疑惑が取り沙汰されていたアロヨが守護神として起用したとも目され、就任後のアキノは「前政権下の過ちを正し、真っすぐな道を進もうとするわれわれを最高裁が妨害している」と批判してきた。コロナはまもなく資産報告の非公表と資産隠しで与党議員から弾劾を申し立てられた。

ここまでの経過はセレノの例と似通っているが、その後が違った。コロナは下院の過半数超の議決を経て、上院の弾劾裁判にかけられ、四四日にわたる審議の末、二〇対三の大差で有罪となった。セレノの場合、下院の審議に手間取り、上院での三分の二の確保も見通せなかったため、司法省訟務長官のホセ・カリダが、提出義務のある資産報告書を偽造したとし、一二年の長官任命時に遡り、最高裁に就任資格に疑義を申し立てた。さらに予算の不正使用を「罪状」に加えた。最高裁は特別大法廷を設置、一八年五月一一日、セレノの任命資格を問う訟務長官の申し立てを賛成八、反対六(セレノは棄権)で認める評決を下し、セレノは解職された。憲法に定められた弾劾手続きを経ないバイパスを使った罷免である。

国連人権高等弁務官事務所の特別報告者は「大統領が演説でセレノは敵であり長官職から退くべきと脅迫した二日後に最高裁での評決が下った」と指摘し、「解職は司法の独立の侵害だ」と強く批判した。ドゥテルテは「内政干渉だ。地獄に行け」と憤った。

脆弱な「司法の独立」

セレノは多くの年長裁判官を飛び越えて五二歳で史上初の女性長官に任命された。定年の七〇歳まで長期在職が予想されていた。裁判官の多数が解職賛成に回った裏には、「やっかみ」があったとの指摘もある。セレノの後任にはテレシタ・デカストロが就任したものの、わずか四四日で定年退職となり、ルーカス・ベルサミンが後を襲った。ベルサミンも一一カ月で定年となり、ジョスダード・ペラルタが引き継いだ。いずれもセレノの解職に賛成した裁判官がたらい回しのように短期間、長官を務めた。フィリピンでも最高裁長官は形のうえでは三権の長だが、力関係では行政職(大統領)が司法と議会を圧倒している。ベルサミンが長官退任後の二二年九月、ボンボン政権の官房長官に就任したのが何よりの証拠だ。

世界の法律家でつくる「世界司法プロジェクト」(ＷＪＰ)が発表した二三年版「法の支配指標」のランキングで、フィリピンは一四二カ国・地域のなかで一〇〇位、前年から三つ順位を下げた。東アジア・太平洋地域の一五カ国のなかでは下からカンボジア、ミャンマーに次ぐ一三位。ノイノイ政権下の一五年は五一位だったが、ドゥテルテ政権で大きく順位を落とし、二一年は一〇二位となっていた。ちなみに日本は一四位だ。ＷＪＰは「基本的人権」「秩序・治安」「汚職」「政府の開放度」など八項目について、各国を〇から一の指数で評価している。二三年、フィリピンは「刑事司法の公平性」と「基本的人権」が一二〇位と低い評価だった。[2]

人権委員会の予算を一〇〇ペソに

ドゥテルテ政権の矛先は裁判所や司法制度に限らず、憲法で定められた独立委員会である人権委員会にも向けられた。強硬な違法薬物取り締まりを批判していた同委員会の一八年度予算を一〇〇ペソとする決議案が下院で採択された。その二カ月前にドゥテルテは「この委員会は廃止すべきだ」と発言し、採択後には「当然の報いだ」と満足気だった。上院の賛同を得られず予算は結局復活させられたが、政権の意向を受けた下院の動きであることは明らかだった。

一方でドゥテルテは一八年一二月、「共産主義勢力との武力紛争を終わらせる国家タスクフオース」(NTF-ELCAC)という組織をつくった。

就任当初、ドゥテルテは学生時代の恩師でもあるホセ・マリア・シソン率いるフィリピン共産党(CPP)や傘下の新人民軍(NPA)と和平を進めるとして、共産党に近い左派活動家三人を閣僚に起用した。ところが、合意したはずの停戦は実現せず、三人の閣僚らも議会の承認を得られなかったことから、和平交渉は頓挫し、政権側も一転、共産勢力の壊滅をめざすようになった。そのために創設したのがNTF-ELCACだが、CPP-NPA対策の枠を超えて、政権を批判する野党や政治家、活動家、ジャーナリストらを標的に「赤タグ付け」を繰り返すようになった。「NPAと関係がある」「共産党のシンパ」といったレッテル貼りである。左翼活動家に限らず、下院に議席を持つ政党や副大統領のロブレド陣営、社会的発言をする有名女優やミスコン優勝者、コロナ禍で貧困層に食糧配給運動をしていたグループなども標的にした。政府に都合の悪い判決を出した裁判官にさえも「容共」のタグをつけていった。一九五〇年代のアメリカで吹き荒れた「赤狩り」を彷彿とさせる事態だったが、自ら作った組織をドゥテルテが制御するわけもなかった。

ボンボン政権下でも存続したが、国連特別報告者イアン・フライが二三年一一月一五日、フィリピンでの現地調査を踏まえて記者会見を開き、NTF-ELCACの廃止を求めた。「拷問や失踪、超法規的殺人との関連が指摘され、本来の任務を超えた活動を行っている。私的な金銭的利益がその裏にあるように見える」と厳しく批判した。[3]

機能しない政党

地方都市の首長から、ほとんど足場のないマニラの政界に飛び込んだドゥテルテだが、立法府の取り込みは、司法や独立委員会よりはるかに容易だった。

フィリピンの政党はもともと、主義、信条、綱領などを持たず、ポストや政府予算欲しさに離合集散を繰り返す組織だ。各地域から選ばれる下院議員はとくに予算配分で厚遇される与党に入りたがるので、大統領としては御しやすい。政府予算案の審議の際、与党議員が「議会の慣例であり、礼儀として」と宣言して野党の質問を打ち切る動議を出し、賛成多数であっという間に可決されるケースが多い。[4]上院議員は全国区で選ばれ、次期大統領候補となることもあり、政権批判者も一定数存在するが、ドゥテルテ政権下では中間選挙で野党がほぼ一掃されたため、チェック機能は大幅に低下した。

政策を担保する母体としての機能が政党に備わっていないため、大統領が代われば政策は大きく変わる。長期的な経済政策が実行されず、大型のインフラ整備が進まない理由のひとつでもある。空港や地下鉄の建設を進めたところで自分の任期中には完成せず、手柄は後任者のものとなると考え、熱心に取り組まないのだろうと推測される。

軍と治安当局の掌握

途上国では一般に三権分立が機能しなくても、それ以上の力を持つ勢力が存在する。軍や警察といった治安組織だ。多くの国で軍はそもそも外敵との闘いより、国内の治安維持が主な任務である。シビリアンコントロールが行き届いていれば行政権の中に含まれるが、必ずしもその枠にとどまるとは限らない。

フィリピンでは、シニアの独裁政権を崩壊させた一九八六年の政変は軍事クーデター崩れの側面があったし、その後のコラソン・アキノ政権とアロヨ政権下では、成功しなかったものの軍の蜂起、クーデター未遂が相次いだ。軍出身ではない大統領は軍や治安当局に気を使い懐柔を試みる。

シニアは国軍の兵力を前任大統領のマカパガル時代の四万五千人から一四万人に増やした。予算も増やし、参謀総長に起用したベールをはじめ出身地のイロカノ族を積極的に軍高官に採用した。安全保障に詳しいフィリピン人ジャーナリスト、マニエル・モガトは「フィリピンは一九五〇年代から六〇年代にかけて、地域で最も進んだ軍隊を持っていた。しかしシニアは二〇年間の統治のなかで、軍を政敵や批判者を追い詰める私兵に変えた。対外的な防衛態勢は完全に米国に依存し、軍艦や戦闘機の近代化に投資することはなかった」と分析した。[5]

シニアの流儀を踏襲するドゥテルテは、議会や司法以上に軍、警察には気を使った。国軍トップの参謀総長の任期を短く切って、多くの軍幹部に箔をつけたうえで、歴代政権以上に退役軍人を閣僚や重要ポストに起用した。ダバオ市長時代に現地に駐在していた警察幹部らを昇進させた。教師やコロナ禍で奮闘した医療関係者の昇給要求について「予算がない」と渋った一方で、軍人と警官の初任給を倍増させ三万ペソ（約八万円）に引き上げた。マニラ首都圏の最低賃金は二三年で日給六一〇ペソだ。月給にすると一万五千ペソ程度だからその倍である。

ドゥテルテ政権は、治安当局の要望に応えてテロ防止法を二〇年七月に成立させた。同法では、新設のテロ防止委員会がテロ組織やテロリストを認定するが、テロ行為の定義はあいまいだ。令状なしで二四日間の拘留が可能なうえ、六〇日間監視下に置くことができる。終身刑の対象も増やした。人権団体や弁護士団体だけではなく、フィリピン経営者協会やマカティ・ビジネス・クラブなど財界団体八団体も「憲法で保障されている人権に対し明白かつ現実的な危険をもたらす」と批判、国連人権委員会の特別報告者は同法に署名しないよう大統領に呼びかけていた。三七件の違憲訴訟が提起されたが、最高裁は二一年一二月、一部の条文を除きほとんどを合憲とする判断を示した。

ドゥテルテゆえのノーベル平和賞

二一年一〇月八日、フィリピン大統領選立候補締め切り最終日の状況を検索していた私の携帯に、驚きのニュースが飛び込んできた。ネットメディア「ラップラー」のマリア・レッサがノーベル平和賞を受賞したとの一報だった。

私は新聞社の特派員としてマニラに駐在していた一九九〇年代から、CNNマニラ支局やジャカルタ支局でリポーターを務めるレッサの仕事ぶりを見てきた。二〇一二年にラップラーを立ち上げて以降も、リベラルな立ち位置から時の権力を批判的に報道してきた姿勢は一貫しており、変化していない。受賞は、世界を揺るがすスクープを放ったからではなく、ひとえにドゥテルテがゆえ、だった。麻薬撲滅戦争で、超法規的殺人を繰り返してきた実態や、SNSを使って世論を誘導するさまを粘り強く告発した。政府とその支持者から執拗に攻撃されながらも敢然と報道を続けてきたことが評価された。

ラップラーはドゥテルテの大統領就任三カ月後の一六年一〇月、「プロパガンダ戦争：インターネットの武器化」という三部作をリリースした。ドゥテルテ陣営や支持派インフルエンサーがSNSを使ってどう偽情報を拡散し、麻薬戦争を正当化しているか、大統領選で駆使したか、特定の記者を攻撃しているかなどを詳細なデータで検証したシリーズだ。直後からネット上での猛烈な攻撃が始まった。ドゥテルテ派インフルエンサーが「ラップラーのフォローをやめる」キャンペーンを始め、リーチは四四％下落した。レッサのフェイスブック（ＦＢ）には一時間平均九〇通の非難や人格攻撃メッセージが寄せられた。

レッサは名誉毀損、脱税、外国資本によるメディア所有を禁じた反ダミー法違反などで次々と訴追され、二度逮捕された。保釈金を払って保釈されたが、アメリカで闘病中の母を見舞うための出国も許可されなかった。そのうちのひとつ、名誉毀損裁判でマニラ地裁は二〇年六月、レッサに六カ月から六年以下の禁錮刑を言い渡した。対象となった記事は一二年五月に掲載されたものだ。ドゥテルテが政権を握った後の一七年になって、五年前のこの記事で名誉を傷つけられたとドゥテルテに近い華人実業家が告発した。検察官は一二年九月に発効したサイバー犯罪防止法に基づいて起訴に踏み切った。法の遡及適用のようにみえるが、一四年にラップラーがタイプミスの部分を訂正した時点を起点として起訴し、裁判所はそれでも有罪とした。レッサは執筆者でもなければ編集の担当でもなかった。新聞社の記事で名誉毀損があったとして社長を有罪とするような判断だ。

こうした首をかしげる司法手続きに加え、大統領自らが記者会見でレッサを「詐欺師、嘘つき」と罵倒し、会見からラップラーの記者を恒常的に追放した。ドゥテルテの支持者らはこれに呼応してネット上で罵詈雑言を嵐のように浴びせ続けた。

ノルウェー・ノーベル委員会はこうした捜査や訴訟、親ドゥテルテ陣営からの非難を吟味したうえで受賞を決定したのであろう。レッサとラップラーに対する訴追を不当として「言論弾圧」と認定した形だ。政権交代後、レッサとラップラーに対する脱税裁判五件はいずれも無罪が確定したが、名誉毀損など二件の刑事裁判とニュースサイトの停止を命じた証券取引委員会の決定の差し止めを求めた訴訟は二四年七月現在継続中だ。

歓迎ムードなき受賞

フィリピン人は他国の人と同様、あるいはそれ以上に国際社会で評価された同郷の人々を称賛し、誇りとする傾向が強い。ボクシングで世界六階級を制覇したマニー・パッキャオの試合中は街角から人影が消え、「ミス・サイゴン」の主役として米国ブロードウェーで活躍したレア・サロンガは永遠の国民的ヒロインだ。ミスユニバースで世界一ともなれば、一夜にして全国民あこがれのスーパースターとなる。

ところがレッサの受賞は、フィリピン史上初のノーベル賞受賞にもかかわらず、国民全体が祝福する雰囲気にはほど遠かった。リベラル系のメディアや副大統領のロブレドこそレッサの業績を称賛し、祝福メッセージを寄せたが、レッサを攻撃してきたドゥテルテ支持者らは一斉にノーベル委員会を非難、揶揄する投稿を繰り返した。

受賞決定直後に外相テオドロ・ロクシンは「おめでとう、マリア。勝利は勝利だ。旧ソ連圏やアジアの独裁国家に影響を与えたピープルパワー革命で民主主義を回復したコラソン・アキノでさえ届かなかった受賞、驚きだ」と皮肉交じりのツイートをした。

政府が正式にコメントしたのは発表三日後の一一日になってからだった。大統領報道官ハリー・ロケは記者会見で「フィリピン人女性の勝利であり、われわれもうれしい」と話す一方、「現政権下で検閲はなく、報道の自由は阻害されていない。政府に痛手などということはあり得ない」と強弁し、「大統領府はナショナルアーティストの意見に同意する」と付け加えた。

日本でいえば文化功労者にあたるナショナルアーティストの作家ショニール・ホセ(当時九六歳＝二〇二二年一月死去)が「レッサはノーベル賞に値しない」とフェイスブックに投稿したことを指していた。「私はこれまでドゥテルテを批判してきたが、それは報道の自由に関してではない。フィリピンで報道は現在機能している。これはレッサのおかげではない。記者が牢獄に放り込まれたことも検閲もない。ドゥテルテが閉鎖した新聞やラジオ局もない」とつづった。戒厳令下を生きてきたホセからすれば、シニア時代の苛烈な報道弾圧に比べ、ドゥテルテのそれなど物の数ではないという趣旨だった。ホセの投稿としては普段と桁違いのシェアや「いいね」が寄せられた。

政権として儀礼的な祝福はしたもののノーベル委員会の認定に納得はしていないという対応は、レッサと同時に受賞したロシアの独立系リベラル紙ノーバヤ・ガゼータの編集長ドミトリー・ムラトフに対するロシア政府の表面上の祝辞と軌を一にする。ドゥテルテは、かねてロシア大統領のプーチンを「私のアイドル」と敬愛してきた。権威主義的政治スタイルも多くの点で似通っていた。

外国の代理人か

ロシア政府は一二年、「外国の代理人」を指定する制度をつくった。いわば団体や個人を欧米のスパイと名指しする制度だ。外国から資金提供を受けている、あるいは外国から影響を受けているとの理由で指定する。言論の自由を支援する国外団体の助成金も対象とされ、きわめて恣意的に運用されている。一七年からはメディアも対象になり、政府を批判する多くの独立メディアや記者が指定された。

ラップラーに対してフィリピン政府は同様のレッテル貼りをした。フィリピンでは外国資本によるメディアの所有が禁じられているが、運営会社がこれに違反しているとしてレッサを反ダミー法違反でも逮捕、起訴した。フィリピン証券取引委員会もラップラーの事業免許を没収した。ドゥテルテはラップラーを外国資本に牛耳られた「偽情報機関」「ＣＩＡの手先」などとたびたび罵倒した。「まにら新聞」の元編集長、石山はレッサについて「ドゥテルテ政権から攻撃され続けてきた最大の理由は、その資本の出所が不明瞭であり、フィリピン憲法が禁じる「外国資本によるメディア」である疑いが強いためだ。そして、そういうメディアがドゥテルテ政権批判の急先鋒に立ってきたからだ。フィリピン憲法のこの規定は、他の途上国にもある例が多い。途上国で外国資本のメディアが強い影響力を持つと、その外国の思惑通りの世論が形成されていくことが危惧されるゆえだ[6]」と書いている。

二三年一〇月に私はレッサにインタビューした際、ドゥテルテの非難について聞いてみた。「CIAと言われたり、逆に共産主義者と言われたりしてきた。気にしない」と話し、独立採算を確保していると主張した。ラップラーは二つの海外ファンドからフィリピン預託証券(PDR)による投資を受けているが「株式取得とは違って、投資家は経営にも編集権にも関与していない」との主張だ。だがレッサの著書やラップラーの記事を読んでもいま一つ釈然としないのは、世界中のメディアが経営に四苦八苦している時代にラップラーがどうやって生き残っているのか不思議に思えるからだ。新聞やテレビなど伝統的なメディアはもちろん、アメリカのバズフィードが報道部門を閉鎖し、ヴァイスが破産したように、ネットのニュースメディアも各地で苦境にある。そうした状況の中で、政府の弾圧を受け、莫大な裁判費用の捻出を余儀なくされながらも、マニラ首都圏の一等地の商業ビルにしゃれたオフィスを構え、一〇〇人以上の従業員を雇っている。当否はともかく、欧米の人々や機関が支持するラップラーに対して、フィリピン国民の多くはドゥテルテの見立てを首肯しているようにもみえる。

それでもドゥテルテがラップラーとレッサを執拗に攻撃した最大の理由は、資本の如何などではなく、司法や行政を動員した圧力にめげず、「麻薬戦争」をはじめとする政権の施策を批判し続けたからだろう。外国資本のダミーを問題にするなら、実質的に外国資本である「まにら新聞」をはじめ日本のフリーペーパーなどはどうなるのか。ドゥテルテはプーチン同様、「外国の手先」のレッテル貼りで弾圧を正当化したに過ぎない。

最大放送局の免許はく奪と免許の行き先

ドゥテルテのメディア攻撃はラップラーに限らなかった。麻薬戦争に批判的だった日刊紙フイリピン・デイリー・インクワイラーの社主に対して「不動産取引で税逃れしている」として「新聞社の株を売れ」と圧力をかけ、その後、実際に株は譲渡された。[7]

大統領就任翌年の一七年の施政方針演説では、ラップラーやレッサとともに国内最大手の民営放送局ＡＢＳ-ＣＢＮを名指しで罵倒した。同局は、シニアの時代に弾圧されたロペス財閥が所有する。

ドゥテルテは二〇年五月に二五年間の地上波の放映権が失効する同局に対して、更新手続きへの否定的見解を繰り返し、放送事業の売却を求めた。一六年の大統領選時、自陣営からカネを受け取りながら選挙広告を放映せず、批判的な放送を続けたことに怒っていると話していたが、同社トップがこの件を謝罪しても攻撃を続けた。政権批判する報道姿勢に腹を立てていたのだ。

大統領の意向を受けた下院では、多くの議員の思惑がからんで免許更新をめぐる審議入りに手間取った。通信委員会が暫定免許を付与する案も検討されたが、訟務長官ホセ・カリダが、放送事業者への免許付与は議会にのみ与えられた権限であり、暫定であっても反汚職・腐敗防止法に抵触すると牽制した。セレノを最高裁長官から追い出した立役者である。

国家通信委員会は五月五日、免許が失効したＡＢＳ－ＣＢＮに放送事業の停止を命じた。その後、五月二六日になってようやく更新法案の審議が始まったが、付託された委員会は七〇対一一の大差で法案を否決した。これにより民放最大の放送局は、ネット配信や有料コンテンツを残してテレビとラジオの地上波放送の道を断たれた。

ＡＢＳ－ＣＢＮの免許が更新されなかったために空白となった周波帯は二二年一月末、実業家マニュエル・ビリヤールの所有する放送会社に譲渡された。ビリヤールは元上院議長、妻は現職の上院議員だ。ドゥテルテ政権の閣僚だった息子のマークは、二二年の上院選へ立候補し、当選した。フィリピンの公職選挙法では「選挙期間中にラジオまたはテレビ局を運営するための放送権契約または免許の付与、発行、停止、解除はなされないものとする」とあるが、選挙戦が公式に始まる数日前に国家通信委員会が入札もせずに駆け込み許可した。ラップラーは

「ドゥテルテの選挙支援者で億万長者のビリヤールがメディア王という新たな肩書きをマラカニアンの支援で手に入れた」と論評した。

指名手配教祖の宗教団体に放送免許

同じ二二年一月、国家通信委員会は、ABS-CBNが使っていた別の周波帯をSMNIに与えた。SMNIは、ダバオを拠点とする新興宗教団体「イエス・キリストの王国」(KJC)が所有する放送局だ。KJCは「選ばれし神の子」を自称するアポロ・キボロイが一九八五年に設立した教団で、世界に六百万人の信者がいると宣伝している。キボロイはドゥテルテの古くからの盟友で選挙運動にジェット機を貸すなど、全面的に支援してきた。ドゥテルテはダバオの不動産三軒と二台の車をキボロイから受け取ったことを認めている。就任後は大統領の「スピリチュアル・アドバイザー」の肩書で活動していた。

キボロイは二一年一一月一〇日、米国内での人身売買など複数の罪で米連邦大陪審から起訴され、翌二二年一月三一日、側近二人とともに連邦捜査局(FBI)から最重要指名手配書が公開された。AP通信などによると、米国での演奏会出演や留学、結婚など虚偽の名目で、フィリピン人信者にビザを取得させて入国させ、旅券を取り上げたうえ、車内に寝泊まりさせながら、フィリピンの子供たちへの寄付名目でノルマを課して街頭募金をさせたとされる。ほかにも家事労働、性行為を強要したとする労働法違反や人身売買、現金密輸や資金洗浄など違法行為の疑いがある。一四年からの約六年間で約二千万ドルを集め、団体の運営費、キボロイや側近の贅沢三昧のために使ったとされる。偽装結婚は二〇年間で八二件にのぼるという。米国政府の措置を受けてユーチューブ、ティックトック、FB、インスタグラムは二三年八月までに規約違反などを理由にキボロイとKJCのアカウントを削除している。キボロイは二四年三月、ダバオ市とマニラ首都圏パシッグ市の検察庁からそれぞれ児童虐待や性的虐待の疑いで逮捕状が出され、上下両院の召喚状を無視したとして侮辱容疑で両院からも逮捕状が出された。

免許のからむ放送事業、なかでも報道部門にとって、政権との距離のとり方は日本を含めてどの国でも難題である。政権の側から見れば、放送メディアに対する干渉をいかに自制するか、言葉を換えれば、報道の自由をどこまで認めるかは、その国の民主化の定着度を測る尺度ともいえる。日本も他人ごとではない。

ABS-CBNの更新拒否とその後のドゥテルテの友人たちへの周波帯の譲渡は、シニアが戒厳令下でABS-CBNをロペス家から取り上げ、クローニーに譲り渡した経過と酷似している。

ジャーナリズムの歴史と理解は地域随一だったが

パリに本部を置く「国境なき記者団」（ＲＳＦ）が毎年発表する報道の自由度ランキングでフィリピンはドゥテルテが就任した一六年以降、一八〇カ国中一二七位、一三三位、一三四位、一三六位、一三八位と毎年順位を落とし、二二年は一四七位と一挙に落ち込んだ。政権交代のあった二三年は一三二位に多少ランクを上げた。

報道の自由や民主主義を論じる際によく引用されるＲＳＦの順位付けだが、ヨーロッパ目線の偏りを感じることがある。上位は常に欧州の国が独占している。他の地域の情報はリベラル派や一部の活動家の情報に大きく依存しているように思えるのだ。

二三年版で東南アジアを見るとマレーシア七三位、タイ一〇六位、インドネシア一〇八位、シンガポール一二九位、ブルネイ一四二位、カンボジア一四七位、ラオス一六〇位、ベトナム一七八位だ。ちなみに日本は六八位。

ドゥテルテ政権で大きく順位を落としたとはいえ、旧宗主国米国の影響もあり、フィリピンはジャーナリズムやメディアの歴史が地域で最も長く、活発な国だ。私は新聞社時代東南アジア全域を持ち場としてきたが、政治家や要人を含む取材対象へのアクセスや取材の自由が最も保障されている国だった。優秀な記者の層が最も厚いのもフィリピンだ。権威主義的な政権に果敢に挑むジャーナリストやメディアも存在する。不敬罪で言論弾圧を繰り返すタイや建国以来政権交代がなく、言論が統制されているシンガポールより下という評価はどうなのか。二〇二一年は、国王の独裁が続き、選挙も議会もないブルネイより下だった。

マニラに駐在していた一九九六年、私は「政変一〇年」という企画記事を書くため、当時の主役たちに取材した。コーリー、エンリレ、ラモス、枢機卿だったハイメ・シン、クーデターを計画した中心人物、グリンゴ・ホナサン、そしてイメルダ……。アキノ派もマルコス派も申し込めば総じて取材を受けてくれた。記事を読んだ香港特派員の同僚が「これ、全員に直接会ったの」と電話で尋ねてきた。地元紙を隅々まで読んで、北京の情勢を観察することが主な仕事だった香港の記者からすれば、驚天動地だと言っていた。

現在に至るまで、フィリピン人は概してメディア対応が積極的だ。取材を受ける側も答えるのは当たり前という感覚があり、庶民でもマイクを避けることが少ない。日本をはじめ、他のアジアの国にはない、メディアを尊重する雰囲気があり、取材者としてはありがたい国である。

伝統メディア攻撃に溜飲を下げる人々

このようなフィリピンであっても、シニアの独裁政権はもとより、政変後の歴代政権もメディアと良好な関係を築いてきたわけではない。それでもドゥテルテ政権ほど、意にそわないメディアを露骨に抑圧した例はなかった。他のアジア諸国に比べフィリピンが誇ってきた報道の自由を大きく毀損したことは間違いない。

ラップラーの女性記者ピア・ラナダは選挙期間中からドゥテルテを担当していたが、大統領就任後、ドゥテルテの記者会見への立ち入りを禁止された。ドゥテルテの立ち回り先やイベントでの取材も拒否された。「フェイクニュースを流すから」とドゥテルテが直接指示した。[8]

権威主義的な政権側が批判的なメディアを糾弾する際に使う最近の決め台詞は「フェイクニュース」だ。トランプも連発していた。シンガポールは二〇一九年、フェイクニュース禁止法を制定した。

ラップラーやABS‐CBN、インクワイラーだけではなく、ドゥテルテ政権を批判的に報道する記者個人には、SNSを通じて多くの脅迫が届くようになった。殺害予告もあれば、女性記者にはレイプの脅し、家族を狙うとの脅しも寄せられた。

報道機関と対峙するドゥテルテ政権の特徴は、個別の記者や報道機関への攻撃に加え、新聞やテレビなど伝統メディアやジャーナリズム全体をも攻撃対象とした点だ。インターネットとスマートフォンの普及を背景に登場したSNSを情報のバイパスとして使い、伝統メディアを「リベラルな既得権層」と位置付けた。

代表的なインフルエンサーとなったセクシー女優のモカ・ウソンは伝統メディアを「プレスティテュート(Presstitute)」と攻撃した。プレスと売春婦を掛け合わせた造語だ。フィリピンの一部メディアが取材先から金銭をもらって報道しているとの侮蔑だ。確かにフィリピンのメディアには報酬をもらっていることを隠して記事にしたり、放送したりする悪弊が存在する。「偉そうなことを言っているがカネに汚い連中」に対して多くの視聴者が溜飲を下げた。

新聞やテレビといった伝統メディアが凋落する一方でインターネットが普及し、ＳＮＳが影響力を急速に高める時代背景と、世界に広がる権威主義化の波との間には強い因果関係がある。ドゥテルテやボンボンが大統領選を勝ち抜いた要因との関連については後に記す。

第5章　史上最高のドゥテルテ人気とその秘密

中間選挙でドゥテルテ派が野党一掃

ドゥテルテ派は、大統領の任期前半のパフォーマンスに対する審判でもある二〇一九年の中間選挙で圧倒的な強さを見せた。下院選は、勝馬に乗るために政党を渡り歩く議員が多いことから政権与党の勝利が定番なので、注目は知名度の高い候補の争いとなる上院選だ。そこでドゥテルテ派の与党は一一議席を獲得、中間派の一議席を除いて独占を果たした。特徴的だったのは、候補者個々の力量や人気より、大統領の支持が票を押し上げたことだ。俳優や政治家一族の家系を引く候補らに交じって、ドゥテルテがダバオ市長時代からの執事役ボン・ゴーが三位で当選した。国家警察庁長官に抜擢されたデラロサも五位に入った。やはりドゥテルテが強く推したアイミーは七位で当選した。マルコス家としてはシニア、ボンボンに次ぐ上院議員の誕生だ。

野党が一議席も取れなかったのは米国植民地時代の一九三八年以来、八一年ぶりだった。ノイノイのいとこで現職上院議員だったバム・アキノや先の大統領選で本命とされながらドゥテルテに敗れたロハスは惨敗した。野党は過去三年、大統領の資質や政策を批判し続け、大統領も野党を徹底的に「口撃」してきた。国民が大統領に軍配を上げたのは明らかだった。地元メディアには「史上最強の大統領」「野党を一掃」といった見出しが躍った。

任期後半でも下がらぬ支持率

ドゥテルテの大統領就任以来、知り合いの記者や学者、外交官らの多くは「経済が悪くなれば、そのうち支持率は落ちる」「フィリピン人は中国を信用していない。大統領が中国への傾倒を強めれば、支持は離れる」と言っていた。麻薬戦争により増え続ける超法規的殺人、止まらない暴言などで欧米諸国やリベラル派メディアからの批判は収まらなかった。二〇年には新型コロナウイルス感染拡大で経済も激しく落ち込んだ。にもかかわらず、ドゥテルテの支持率はどの世論調査でも任期が終わるまで落ちることはなく、史上最高のまま推移した。

民間調査機関「ソーシャル・ウェザー・ステーションズ」(SWS)が二一年九月二三日発表

した、ドゥテルテの任期最後となる六月の調査によると、実績に「満足」と答えた人が八八％に達した。「不満足」は七％で、満足から不満足を引いた「純満足度」は八一と過去最高を記録した。地域、年齢、男女、学歴、社会階層に限らず、高い支持だった。六年間の平均でも、ノイノイの四五、フィデル・ラモスの三八、コラソン・アキノの三五を上回り、最高だった。フィリピンの政治コンサルタント会社、パブリカス・アジアが同年六月二七日に発表した四～六月の世論調査でも、退任するドゥテルテの支持率は七五％、不支持は一〇％だった。ドゥテルテを「信頼する」と答えたのは六九％。「信頼できない」としたのは一一％。八六年の政変以来の大統領ではノイノイに対する評価が最も高かったが、それでも最後の支持率は二七％だった。

経済では成果上がらず

なぜこれほどの人気を維持できたのか。

経済状況との相関はみられなかった。任期前半こそ六％を超える成長率を維持し、国民を悩ませたインフレも沈静化した。ところが新型コロナウイルスの感染拡大が始まった二〇年の国内総生産（ＧＤＰ）は過去最悪の前年比九・五％減と、東南アジア域内で最も落ち込んだ。厳しいロックダウンを繰り返した影響が大きかった。財務省統計によると、ＧＤＰは金額ベースで一兆五六〇〇億ペソが吹き飛んだ。コロナ対策で政府支出は急増し、政権を引き継いだ一六年六月末から任期終わりの二二年六月末までの間に政府債務の残高は倍増の一二兆七九〇〇万ペソと過去最高となり、対GDP比も六三％と極端に悪化した。

「ビルド・ビルド・ビルド」の掛け声で、大規模なインフラ投資を加速させた。アジアの経済ニュースを発信するNNAによると、ドゥテルテ政権のインフラ支出額は、歴代政権の二倍以上の規模だった。政権後半の一九年以降は政府予算の二割強に相当する約一兆ペソを割り当て、GDP比で平均五％以上に達して歴代政権で最大だった。インフラの未整備が発展の障害になっているため専門家の評価は高かったが、二二年四月二八日付のビジネスワールド紙によると、優先プロジェクト一一九件(総事業費は四兆七二七一億ペソ)のうち二一年末までに完成したのは一二件に過ぎなかった。二二年にはほかに七件が終了見込みだったが、一〇〇件は次期政権に引き継がれた。つまり大部分は完成せず、国民生活の改善には結びつかなかった。首都圏の渋滞や貧相な空港も改善の兆しはみえなかった。

雇い止めや違法な人材派遣を禁止する法を制定し、六〇日以上だった産休を一〇五日に延長する産休延長法を成立させるなど社会福祉的な制度を整えたが、貧富の格差を大幅に縮める効果が表れたとまでは言えない。多数の貧困層としては生活が楽になった実感はないはずだ。

「汚職追放」にも疑問符

麻薬撲滅と並ぶ選挙公約だった「汚職追放」でも実績を上げたようにはみえない。ドゥテルテの強面を恐れて役所の窓口や警察官が大っぴらに賄賂を求めることはなくなったとの評価があり、不正を働いた税関などの下級職員が解職されたこともあった。しかしながら先に述べた通り、ドゥテルテの肝煎りで任官した元軍人らが汚職を疑われたり、責任を問われたりしてもポストを変えただけ。身内には徹底的に「不処罰」を貫いた。

ダバオの自宅が質素、食べているものも庶民的ということで清廉な大統領とする見方をうのみにすることもできない。虚実不明ながら大統領や家族のものだとする二四億ペソの預金通帳の写しを野党議員が公開したが、自らの通帳等の公開は避け続けたことはすでに書いた。納税申告書の公開を拒む米国のトランプ前大統領の姿勢と同じだ。

ドゥテルテは一八年八月、サミュエル・マルティレスを行政監察院（オンブズマン）のトップに起用した。大学時代の同級生であり、ドゥテルテ政権下で初めて最高裁判事に指名されたが、汚職取り締まりのため政変後に設立された機関の長にわずか一年余りで転身した。裁判官時代にはマルコス家の汚職裁判で無罪判決を出したり、エンリレへの逮捕状発行を拒んだりしてきた人物だ。マルティレスは二〇年、政府高官らに義務付けられていた資産報告書について、高官本人の同意がなければ公開されないとの通達を出した。ドゥテルテは就任後、一貫して資産公開を拒否してきたが、これにお墨付きを与えた。政変後の歴代大統領のなかで公開を拒否したのはドゥテルテだけだ。

ドゥテルテは大統領就任まで、マニラの政財界に足場がなく、それゆえに旧来の財閥や政治勢力などでつくる既得権益に斬り込めるのではないかと期待された。実際に財閥ロペス・グループ傘下のABS-CBNの放送免許をはく奪し、スペイン系財閥のアヤラ・グループの水道事業などにも圧力をかけた。

一方でダバオ市長時代から親密な関係にあり、大統領選で多額の資金を提供したとされるデニス・ウイ率いる新興財閥ウデンナ・グループを極端に優遇した。大手二社の寡占状態にあった携帯通信業界に競争を持ち込ませるとして、ウデンナと中国国有の中国電信(チャイナ・テレコム)が組んだディト・テレコミュニティ社に二一年三月、第三の事業者としての免許を与えた。ウイはほかにも政権の規制緩和策に乗って多方面でM&Aを進め、通信事業やビジネス街開発など一気に事業を拡大したほか、国内唯一の天然ガス田の権益も獲得した。ウイは二一年、米フォーブス誌のフィリピン長者番付に二七位で初登場した。総資産は七億一千万ドルと評価された。上位五〇位に二人しかいない五〇歳以下の実業家だった。支援者を新興のクローニーとして手厚く遇する手法はここでもシニアと酷似する。

父娘そろって派手な政府予算の使いっぷり

ドゥテルテは個人資産の公開を拒む傍ら、使途を明らかにする必要がなく監査の対象にもならない大統領府の機密・情報費を大幅に増額し、使い切った。政府の監査委員会の報告書によると、二一年度に計上された大統領府の機密・情報費は計四五億ペソ。機密費は政府職員の監視活動などに関わる費用で、情報提供者らに支払われる。情報費は国家安全保障に関する情報収集活動費とされる。日本で言えば官房機密費の類だ。政府全体の同費の約半分を大統領周辺で費消した。大統領府の次は国防省の一八・六億ペソだ。

ドゥテルテ以前、機密・情報費を最も使ったのはアロヨで在任最後の予算で六億ペソ（インフレ調整後で約九億三千万ペソ）、ノイノイは五億ペソ（同六億ペソ弱）だった。[1] ちなみに日本では菅政権時代の二〇年九月からの一年間の官房機密費は約一三億円だ。ペソ換算なら五億ペソ程度である。何に使われたかはうかがい知れないが、ドゥテルテの使いっぷりが突出していることは確かだ。ドゥテルテに倣ったボンボンも同額の四五億ペソを使った。

ボンボン政権の副大統領サラは二四年の政府予算に副大統領府で五億ペソ、大臣を兼務する教育省で一億五千万ペソの機密費を要求した。予算審議のなかで二二年末にも大統領府の機密予算から一億二五〇〇万ペソの移管をうけ、わずか一一日間で全額を費消していたことが判明した。治安機関でもない副大統領府や教育省に機密費が配分されたことは過去になかった。南シナ海で中国と対峙する沿岸警備隊（PCG）の情報費が毎年一千万ペソに過ぎないことを引き合いに野党議員らが批判すると、サラは「平和と秩序のために割り当てられた資金を攻撃する者は陰湿な動機を持っている。国民の敵だ」[2]などと反論した。結局下院はサラの要求した六億五千万ペソの機密費を削除し、PCGなどに割り当てた。

娘の機密費削除に対して父のドゥテルテは、定期出演しているSMNIの番組で二三年一〇月、怒りをあらわにした。下院を「腐った組織、（下院議長のマーティン・）ロムアルデスを監査しろ」と批判、機密費を追及してきた野党ACT教員党のフランス・カストロ議員には、「機密費を使う最初の対象はフランス、おまえだ。私はおまえら共産主義者を皆殺しにしたい」と話した。発言を受けて下院はロムアルデスを支持し、下院の尊厳を守るとの決議を採択、カストロはドゥテルテを脅迫罪で告訴したが、その後、証拠不十分として不起訴となった。

サラはダバオ市長時代の一七年に前年一億四四〇〇万ペソだった市の機密費を二億九三〇〇万ペソに倍増させ、一八年は四億二千万、一九年以降は四億六千万ペソに増額した。これはマニラ首都圏の他の裕福な大都市の機密費をはるかに上回る額である。[3]ドゥテルテ父娘は私有財産や収入だけではなく、公金の使途に関する説明責任にもまったく無頓着だった。

ドイツに本拠を置く国際NGOトランスペアレンシー・インターナショナル（TI）が毎年発表する汚職認識指数でフィリピンはアロヨ時代の〇五年から世界で三桁の順位だった。〇八年には最悪の一四一位となったが、ノイノイ政権下では徐々に改善し、一四年には八五位になった。ところがドゥテルテ政権となった一六年以降、九九位だった二〇一八年を除いて三桁に戻り、二一年は一一六位まで落ちた。

フィリピン政治研究の木場紗綾は、ＳＷＳの調査で「政権による汚職撲滅の努力」に対する満足度を経年でみると、アロヨ政権への低評価、ノイノイ政権への高評価はＴＩの汚職認識指数とおおむね連動するのに対して、ドゥテルテ政権への期待度の高さは、ＴＩの指数と乖離し実態を反映しているとは言い難いと指摘する。[4] 飾らない服装や態度、庶民と同じおかずが並ぶ食卓、質素な自宅の造りといったドゥテルテの外見、それを後押しするＳＮＳ戦略などが、公金の使いっぷりの激しさ、透明性のなさといった実態から離れて、汚職と闘う政治家というイメージづくりを成功させた。

対中政策の転換

ドゥテルテはノイノイ前政権の政策をいくつもひっくり返したが、なかでもドラスティックだったのは対中関係だ。前政権が提訴した南シナ海の領有権問題をめぐる仲裁裁判で一六年七月、フィリピン「完勝」の裁定が出たにもかかわらず、ドゥテルテはこれを棚上げした。裁定を「紙くずだ」と言い放つ習近平と何度も会談し、親中路線を続けた。

フィリピン人が中国に好感を抱いていないことは明らかだ。フィリピンの民間調査機関パルスアジアが二三年六月に一二〇〇人を対象に実施した世界一〇カ国の信頼度調査では、「かなり信頼できる」と「ほどほどに信頼できる」とする回答の合計が最も高かったのは米国の八九%、次いでオーストラリア(七九%)、日本(七八%)だった。逆に「あまり信頼できない」「全く信頼できない」と回答した割合が最も高かったのは六七%の中国だった。パブリカス・アジアが二三年三月に一五〇〇人を対象に実施した調査では「フィリピンにとって最も脅威となる国は」との問いに七九%が中国と答えている。世論だけではなく、米国留学組が幹部に多い国軍からの反発や懸念の声も聞こえてきた。それでも親中路線が支持率に大きな影響を与えた形跡はない。

つまり経済にしろ、外交にしろ、政権の政策とドゥテルテの高い支持率、絶大な人気の間に明確な関連を見つけるのは容易でないのだ。

就任以来最も力を入れた麻薬撲滅戦争への評価は立場によって大きく分かれるが、多くの人が口をそろえるのは、マニラ首都圏などでも体感治安が良くなったという点だ。ドゥテルテ政権で最も評価されているところだろう。政権交代後、覚せい剤の密売人が復活した、覚せい剤の末端価格が安くなった、治安が悪くなったという声も聞こえている。それでもドゥテルテ時代は、日本やシンガポールのように安全だったというわけではない。

人気の秘密は、アンチ・ポリコレ？

こうしてみると、多くの国民がドゥテルテを支持する理由は、政策以外にあるのではないかと推察される。その人柄、スタイル、立ち居振る舞いといったところだ。さらに言えば、世界に広がる「アンチ・ポリコレムード」「きれいごと疲れ」がドゥテルテ人気の背景にあるように思える。

ポリコレとは「ポリティカル・コレクトネス（政治的妥当性）」のことだ。「性・民族・宗教などによる差別や偏見、また、それに基づく社会制度・言語表現は是正すべきとする考え方。政治的妥当性」（大辞林）。「人種・宗教・性別などの違いによる偏見・差別を含まない、中立的な表現や用語を用いること」（デジタル大辞泉）。政治的な正しさ、例えば差別の排除、女性蔑視の禁止といった概念であり、言葉遣いでいえば、チェアマンをチェアパーソンに、黒人はアフリカ系アメリカ人にといった言い換えに及ぶことがある。夏目漱石が『三四郎』で「偽善」に対して「露悪」という概念を提示しているが、ポリコレが偽善とは言わぬまでも、アンチ・ポリコレを体現したドゥテルテのスタイルは「露悪」そのものだった。

ドゥテルテはダバオ市長時代から不規則発言を繰り返してきたが、世界的に注目され、暴言王とも評されるようになったのは、大統領就任間もない一六年九月、バラク・オバマを罵ったときだ。相手は黒人初の米国の大統領でリベラル、「ポリコレ」を代表する政治家である。

ラオスで開かれた東南アジア諸国連合（ASEAN）関連の首脳会議に出席した際に米比首脳会談が予定されていた。これを前にフィリピンの麻薬撲滅戦争にかかわる人権問題について報道陣に尋ねられたオバマが首脳会談で問題を取り上げる意向を示した。これを知らされたドゥテルテは「フィリピンは主権国家だ。植民地ではない。敬意を払うべきだ。何様のつもりだ。Putang ina」とまくし立てた。Putang ina というフィリピン語は日本語で言えば、「クソッタレ」ぐらいの表現だ。これに mo という言葉がつくと「売春婦の息子、son of a bitch」となるが、公式発言録で mo はない。オバマに対するこの言いぐさは大きなニュースとなったが、ドゥテルテは普段から演説や記者とのやりとりのなかで、Putang ina や Putang ina mo を連発する。ほとんど口癖と言ってよいほどだ。こうした言葉はフィリピンでは放送禁止用語である。大統領の演説を伝えるテレビで「ピー」という消音が頻発する事態になっていた。

世界的な反響の大きさにたじろいだのか、あるいは外務省に説得されたのか、ドゥテルテは「後悔している」と殊勝な謝罪声明を出した。ところがオバマは「今はその時期ではない」と首脳会談をキャンセルした。これに再び怒りがこみ上げたのか、ドゥテルテは米ASEAN首脳会議を「頭痛」を理由に欠席した。さらにASEAN一〇カ国と日米中韓印露豪ニュージーランドの一八カ国の首脳が参加する東アジア首脳会議の席で、オバマの次に発言の番が回ってくると、事務方が用意した南シナ海問題の原稿を打ち捨て、一枚の写真を示して言い放った。「人権侵害はいつの時代でも人権侵害だ。昔の話というな」。二〇世紀初頭に米軍がフィリピン南部ミンダナオ島で多数のイスラム教徒を殺害した模様の写真だった。オバマに対する当てつけであることは明らかだった。オバマは何も言わなかった。

ドゥテルテの発言に対しフィリピン国内では、高学歴層やリベラル派からは「国際的な恥だ」との声が聞こえる一方で、半世紀近く植民地支配し、独立後も政財界に隠然と影響力を行使してきた米国に対して「ガツン」と言ったと溜飲を下げる向きも少なくなかった。

ドゥテルテはもともと米国嫌いを公言していた。なぜ嫌米になったかは所説ある。かつて査証発給拒否にあったとか、訪米時に空港の別室で査問されたなどと本人が語ったこともある。真相は不明だが、オバマとの一件をきっかけにさらに米国嫌いが加速したのか、六年の任期中、国連総会への出席も含めて一度も訪米しなかった。

トランプ以上の暴言

暴言の矛先が向けられたのはオバマだけではない。米国大使には「このオカマ野郎」、訪比したローマ教皇には「もう来るな」、国連には「脱退してやる」。暴言後の対応はさまざまだ。冷静になれば過ちを認めることもあり、ローマ教皇には懺悔した。国連脱退も取り消した。だが相手方に大きな力の背景がなければ、謝罪の言葉もなかった。麻薬戦争にからむ暴言は数知れずだが、なかでも極めつけは「ヒトラーは三〇〇万人を殺した。ここに三〇〇万人の薬中がいる。私は喜んでこいつらを殺す」だ。各方面からもちろん抗議を受けた。[6]

ドゥテルテが大統領になったころ、ポリコレを無視した暴言が日本でも注目され、私に限らずフィリピンウォッチャーにはテレビの情報番組から出演依頼が相次いだ。「とんでもないことを言う大統領が近隣国で現れた」という珍しさからだ。ところが米国でトランプが大統領に当選したのを境にぱたっとお呼びがかからなくなった。超大国の指導者がとんでもない発言を繰り返すので、ドゥテルテは陰に隠れ、日本のテレビも食指が動かなくなったのだろう。移民排除や「IQが低い」と政敵をなじるトランプがアンチ・ポリコレのシンボルになった。

政治学者のフランシス・フクヤマは、ポリコレについて「左派のアイデンティティの政治が生んだ」と由来を示したうえで、「なんらかの集団の感情を害するのを恐れるあまり、政治家が実際に何も言えないことも多い」という状況が生まれていると指摘する。そんななかでトランプが「みんなの感情を害するようなことを言っても許されている」のは「とくに賛成するわけではないけれど、少なくとも彼は正直だ」という感情が一部で共有されているからだとアンチ・ポリコレの背景を指摘している。[7]

アメリカ、フィリピンともに、国民も無茶な発言に対し次第に免疫ができたようにみえる。

これまでなら「それを言っちゃ、おしまいよ」ということを公衆の面前で平気で話す。例えばドゥテルテは就任後の半年間で少なくとも一二五四回「殺す」と言った。[8] 指導者のそうした言動に対してインテリ層こそ眉をひそめても、相当数の大衆には逆に受けていたことは否定できない。

ドゥテルテの演説で聴衆受けするのは放送禁止用語を交えた政敵への容赦ない攻（口）撃だ。とっさに口をつき、カッとなれば延々と続き、支持者らが大喝采する。記者会見でも同様だった。時に二時間を超えることもあり、後半は質疑というより独演会の趣となる。国民は次第に暴言や口汚い政敵批判に慣れ、「大統領はそういう人だから」「ちょっと言い過ぎるところもあるけれど、本音で話す愛すべきおやじ」という感じで受け入れているように見えた。

一九八六年の政変で、フィリピンは世界の民主化の先駆けとなった。アイコンは主婦から大統領になったコラソン・アキノである。三〇年後の二〇一六年、フィリピンは「アンチ・ポリコレ」の嚆矢となった。ミンダナオ島の市長から初めて大統領に上り詰めたドゥテルテがアイコンだった。

エリートへの嫌悪に乗じるポピュリスト

アンチ・ポリコレは米比に限らなかった。ブラジルの大統領ボルソナーロ、チェコの首相のバビシュ、ハンガリー首相のオルバン（いずれも当時）。ドゥテルテの当選前後、過激発言を売りにする国家指導者が相次いで出現した。世界各地で「きれいごと疲れ」が広がるなか、台頭するポピュリスト系政治家共通のターゲットは、各国に居座る旧来のエリートたちだ。グローバル化が進み、新自由主義経済体制の下で貧富の格差が広がるなか、民主主義的価値観やポリコレを唱えながら既得権にどっぷり浸かったエスタブリッシュメント層に照準を定めた。

ポピュリストの定義はさまざまだが、国民を「エリート」と「大衆」に分けたうえで「大衆」の権利こそ尊重されるべきだと主張する政治思想とすれば、ドゥテルテもトランプもその系譜に入るのではないか。

夫に続いて大統領の座をめざしたヒラリー・クリントンをこき下ろしたトランプに対しドゥテルテは、政変以来フィリピン政界の主流にいたアキノ、ロハスといった政治家一族をエリートの象徴として敵対した。トランプ現象と共通するのは、支持者らの間に広がるエリート層への強い不信や不満だ。一方はウォール街やワシントン、こちらはマラカニアンや富を独占する一部のファミリーである。インドで首相のモディが、建国以来支配層に君臨するネルー・ガンジー王朝を過去のエスタブリッシュメントと斬って捨てたのと同じ構図だ。

ドゥテルテ現象について、識者やジャーナリストは異口同音に「フラストレーション」をキーワードにあげた。政変後三〇年以上がたっても、既得権層が支配する政治・経済構造が変わらず、多くの国民が民主化の果実を実感できない状況をドゥテルテは鋭く突いた。アキノ家やそれに連なる政治勢力を徹底的に批判し共感を広げる際に武器となったのはＳＮＳだ。

貧困層と中間層以上では不満の中身は違う。前者は「経済が良いってどこの話だ。生活は苦しいし、良い仕事もない」。後者は「高い成長率や支持率があったのに、インフラ整備や規制緩和に乗り出さなかった。渋滞改善の見通しもなく日々の通勤に疲れ果てる」。各層に広がるさまざまなフラストレーションをすくいあげ、ドゥテルテは高い支持を獲得した。

ここで不思議なのは、エリート層、既存のエスタブリッシュメント攻撃に喝采する国民や有権者が、新たな既得権益を築こうとしているポピュリスト政治家らには寛容なことだ。トランプは娘や娘婿などの取り巻きを政権中枢に据えた。ドゥテルテは地元のダバオで市長や下院議員を子供たちに独占させ、盤石の地盤を築いている。ボンボンらマルコス一家は出身地の北イロコス州に完璧な政治王朝を築き、優雅な生活を送っているのに、支持者は文句を言わない。

連発するセクハラ発言

ドゥテルテは常々、「私は女性が好きだ。愛している」と公言し、かつての幅広い女性関係を隠すこともない。一方で大統領在任中もセクハラだと非難される言動を繰り返した。

一九年の中間選挙期間中に遊説で訪れた中部ボホール島で、支援する女性町長に「あんたはホント美人だ。俺が旦那だとして、あんたが逃げようとしたらパンティをつかんでガーターが切れるまで絶対に離さない」と言い放った。[9] トランプは一六年の大統領選中に「こちらがスターだとやらせてくれる。pussyをわしづかみにする。何でもできる」との発言が暴露され、「ロッカールームトークだ」と言い訳した。スポーツ選手が着替えの際に交わす品のないジョークだという意味だが、ドゥテルテの場合、ロッカールームどころではなく、選挙集会での発言だ。アンチ・ポリコレも極まれり、である。

地元ダバオで、レイプ事件の件数が多いと地元紙が報じた際には「レイプが多いのはダバオにはきれいな女が多いからだ」と発言した。[10] ダバオでかつて豪州から来た女性がレイプされたうえで殺害された事件があったが、この時は「被害者は美しかった。私が最初にやるべきだった」[11]と発言して、豪州政府から抗議を受けた。国軍内の演説で共産ゲリラ新人民軍との戦いをめぐって兵士を鼓舞した際には「NPAの女性兵士と遭遇したら、陰部を狙って撃て」とあおった。[12] こうした発言のたびに女性団体などが非難声明を出すが、本人は気にする素振りもなく、女性も含めた国民は「また言ってら」程度に受け止めているようにみえた。

ドゥテルテには女性ファンも多い。一六年一〇月に大統領として初訪日した際に、ホテルに詰めかけたフィリピン女性たちの熱い出迎えを私は目の当たりにした。日本に限らず訪問先ではいつも熱狂的に女性たちから歓迎されていた。

一八年六月、韓国を訪問した際に在住のフィリピン人との集会に参加し、女性を壇上に上げて唇にキスし、大喝采を浴びた。女性団体などが批判したが、ドゥテルテは「聴衆を楽しませるためにやった。いつもやっていることだ。大騒ぎする話ではない」と涼しい顔だった。[13] SWSがその後、この行為を下品と感じるかどうかについて世論調査を実施したところ、回答者の五二％が「下品」と答え、「そうではない」の四〇％を上回った。しかし同時に、国連人権高等弁務官を「頭はでかいが空っぽ」と罵った発言には六四％、カトリックの聖職者に対する「妻を二人持つやつもいる」との放言に五五％が「下品」と答えたのに比べると、許容度は高かった。

ここでも背景に文化の違いを感じる。欧米や日本ではセクハラにつながりかねないルッキズム（外見至上主義）への批判が強い昨今だが、フィリピンではルッキズムの極致のようなミスコンがあちこちの街で催され、子供のころから多くの人が参加する。ミスユニバース世界大会が開催されると、保守派もリベラル派もメディアはこぞって大々的に取り上げる。

セクハラやルッキズムに対する感性の違いを無視した欧米やリベラル派からの批判が寄せられると、女性も含めた大衆はドゥテルテを擁護する心情に傾くように見えた。

批判する女性には厳しく

ドゥテルテは、自分を批判する女性に対しては厳しく当たった。一九年二月、人権問題に関する国連特別報告者のミシェル・フォルストは国連人権理事会に提出した報告書のなかで、フィリピンでは「堂々と意見を述べる女性が政権の標的にされている」と指摘し、三人の名前を挙げた。上院議員デリマ、解職された最高裁長官のセレノ、それにラップラーのレッサだ[14]。デリマは「政治的理由により保釈を許されず、拘留され続けている」。セレノについては「辞職を拒否するとドゥテルテは弾劾を求め、議会にそれを命じることまでした」。レッサについては「政権に批判的な報道が理由の政治的迫害をされている」と言及した。大統領報道官は「誤った情報に基づくうえにひどく見当違いな報告だ。現在の状況は彼女ら自身の行動の結果だ」と反論した。

標的となったのはこの三人だけではない。「麻薬戦争」の人権侵害などを批判してきた副大統領ロブレドに対してもあからさまだった。フィリピンの正副大統領選は米国のようにコンビで選ぶわけではない。多くの場合、大統領からみて野党であったり、政策やそりが合わなかったりするのだが、ドゥテルテは彼女のスカートの丈に注目していたと公衆の前で発言したり、「無能」だとして閣議に参加させなかったりと翻弄を続けた。副大統領府の予算も削減した。

一九年一〇月、ロブレドがテレビ局のインタビューで「麻薬戦争は大きな効果をあげていない。多くの貧困者が殺害される取り締まりのあり方を見直すべき」と述べると、ドゥテルテは政府の違法薬物取締委員会の共同委員長に本人の了解もなく任命した。ロブレドは周囲の反対を押し切ってその任を引き受け、国連麻薬取締担当者や米国大使館の担当者らと協議するなど精力的に動いた。薬物依存者数の全容把握に加えて薬物依存を犯罪ではなく健康問題として扱うこと、科学的根拠に基づいた対策をとることなどを提案した。さらに麻薬に関する政府の機密情報へのアクセスも望んだところ、ドゥテルテは一カ月足らずでその職を解任した。理由は「野党の人間である彼女を信頼できない」。そもそも引き受けることはないと踏んだドゥテルテが「それならおまえがやってみろ」と任命したのだろうが、思惑外れの結末だった。

女好きとミソジニー（女性嫌悪）が入り混じった複雑なドゥテルテの人格が多くのセクハラ言動を生んだと私には思えるが、社会に広がるアンチ・ポリコレの雰囲気がそれを許したように見える。

第6章　ボンボン政権の誕生とソーシャルメディア選挙

英雄墓地に埋葬されたシニアの遺体

コラソン・アキノの死を受けて長男のノイノイが大統領に当選した二〇一〇年の統一選挙では、同時にマルコス家も復権に向けて大きな一歩を踏み出した。ボンボンが上院選に再挑戦し、七位で当選した。ボンボンが退いた下院の議席にイメルダが座り、北イロコス州の知事には姉のアイミーが就任した。地元に盤石の基盤を築く一方で、全国への足がかりを得た。

一六年、ドゥテルテが大統領に当選した選挙で、副大統領に立候補したボンボンは僅差で敗れたものの、マルコス家をめぐる状況は劇的に好転する。シニアを「史上最高の大統領」と称えるドゥテルテは、かねてからの一家の悲願をかなえた。ハワイから運ばれ北イロコス州バタックに安置されていたシニアの遺体を、マニラ首都圏の英雄墓地に埋葬することを認めたのだ。戒厳令下で拷問などの人権侵害にあった被害者らが反対し、歴代政権も認めてこなかったことだ。

首都圏タギッグ市に位置する英雄墓地は、第二次大戦で亡くなったフィリピン人兵士やゲリラを追悼する施設として一九四七年に建設された。政府のホームページによると、敷地は一四二ヘクタール。二〇〇九年時点で四万四〇二七人の兵士らが眠っている。埋葬が許されるのは、現役および退役軍人のほか、大統領、国防長官、勲章授与者、政府高官、政治家、科学者、芸術家ら特に認められたものとされている。

マルコス家は強く望んでいたが、一七代の大統領のうち実際に埋葬されていたのは、ガルシア、キリノ、マカパガルの三人だけだった。大統領経験者は基本的に有資格であるものの、埋葬されるかどうかは、遺族の意向が尊重される。マルコスに続いてラモスも埋葬され、大統領経験者の墓は五つになった。

サラとのタッグで全国ネットワークが完成

ボンボンが大統領選に勝利した背景にはドゥテルテ時代の政治・社会の変容、民主主義をめぐる状況の変化があると第3章で書いた。それでは直接の勝因はなにか。いくつか考えられるうち、はっきりしているのは「サラ効果」だ。副大統領選に立候補し、ボンボンとタッグを組んだドゥテルテの長女である。英雄墓地への埋葬許可をきっかけにマルコス家とドゥテルテ家が急接近したことでボンボンには大統領への道が開けた。

サラは父の大統領就任以来、次の選挙でその座を継ぐと噂され、人気が高かったにもかかわらず副大統領選に回り、ボンボンと組むことになったことで、ドゥテルテ家の支持票のほとんどが大統領選ではボンボンに流れたとみてよい。南部ミンダナオ島を地盤とするドゥテルテ家とルソン島北部のイロコス地方やイメルダの出身地・中部レイテ島などを支持基盤とするマルコス家が合体したことで、ＢＢＭ‐ＳＡＲＡ（ボンボンとサラ）チームは全国の集票ネットワークを整えた。フィリピンでは勝馬に乗る「バンドワゴン効果」が強く出る傾向があり、これもボンボン・サラ陣営を後押しした。

サラの人気は、父親の支持層を受け継いでいる面もあるが、むしろ父の言うことを必ずしも聞かない意思の強さや独立心の旺盛さにあるようにみえる。全国的な人気が沸騰するきっかけとなったのは一一年七月の事件だった。

父に代わってダバオ市長を務めていたサラは、公有地を違法占拠していた住民から「強制立ち退きを迫られている」との連絡を受けて現場に駆け付け、裁判所職員に執行を待つように促した。ところがそれでも強行しようとした職員を数発殴ったのだ。その模様が動画で繰り返し再生され、「女丈夫」「貧民の味方」のイメージが広がった。女性とはいえ、地域の権力を独占する市長が、法に忠実な公務員を殴るなど、モラルのみならず刑法にも反していると思われるが、これが喝采を受けるさまは、第5章で述べた「アンチ・ポリコレ」や第3章の「不処罰の文化」の文脈でも解釈できるかもしれない。

大統領一家のドタバタ劇

サラは二一年一〇月二日、三選をめざしてダバオ市長選への立候補を届け出た。これを見極めたボンボンは同月七日、大統領選への立候補を届け出た。フィリピンの民間調査機関パルスアジアの前月の調査では、大統領選でトップの支持を集めたのはサラで二〇%、ボンボンは二位で一五%だった。それ以前の調査でもサラは一貫して首位だった。

立候補の締め切りは同月八日だったが、一一月一五日までは政党の代理立候補制度で候補者を入れ替えることが可能だ。前回ドゥテルテがこの制度を使った「後出しじゃんけん」で勝利をさらった経緯があり、最終的にはサラが大統領選に出馬するとの観測が強かった。案の定、サラは一一月九日、市長候補の座をドゥテルテ家の次男でダバオの副市長セバスチャンに譲ったうえで、父親の所属政党とは違う政党LAKAS-CMDに入党した。ところが一一月一三日に改めて出した立候補届は大方の予想に反して大統領ではなく、副大統領選だった。

これに対して父の陣営は、副大統領選に立候補していた側近の上院議員ボン・ゴーを大統領選の候補に鞍替えさせたうえで、大統領報道官が「大統領は副大統領選に立候補する」と宣言した。ドゥテルテは一〇月二日、大統領の任期終了をもって政界を引退すると発表していた。それが一転して父娘で副大統領の座を争うというのだ。憲法で大統領の再選は禁じられているが、副大統領への立候補がダメだとは書いていない。

ドゥテルテはラジオ番組で「サラの鞍替えや副大統領出馬については何も聞いていなかった。最近は話もしていない」「サラは大統領選の世論調査でもリードしていたのになぜ副大統領を選んだのか。マルコス陣営からなにかしらの働きかけがあったのだろう」などと不快感をあらわにした。日本の感覚からすれば、ファーストファミリーのとんでもないドタバタ劇にみえるが、フィリピンでは一家の信用を失墜する騒ぎとはみなされない。選挙への出馬をめぐってドゥテルテ父娘はこれまでも言を左右してきたし、ドゥテルテ自身、他の重要な政治案件でも時に突飛な言説を繰り返してきた。国民も食言や公約違反などと問題視することはなく、「近所によくいる気ままなおじさん」のような言いぐさがむしろ高い人気の一因にさえなってきた。一貫しない、言い換えれば変幻自在ともいえる発言は、単なる思いつきやジョーク（のつもり）の時もあるが、政治的な観測気球と受け止められる場合も多い。

サラは父の言うことを従順に聞くタイプではないとみられている。放蕩の父はサラの母を捨てて別の女性と家庭を持ったこともあり、独立心の強い娘が父親に複雑な思いを抱いていても不思議はない。それでも、サラが勝手に動いているという父の発言を額面どおりに受け取るわけにもいかなかった。すわ親子喧嘩かと大騒ぎとなったが、立候補最終締め切りの一五日、ドゥテルテは副大統領選ではなく、上院選に届け出た。そして一二月一四日、ドゥテルテは上院選、ボン・ゴーは大統領選への立候補を取り下げた。この間に何らかの政治的な取引が成立したと私は考えた。

ICCの捜査を避けたかったドゥテルテ

ドタバタ劇の裏には、国際刑事裁判所(ICC)の捜査があるという見立てだ。ICCに対して、罵詈雑言を浴びせたり、強がってみせたりしてきたドゥテルテだが、内心では相当気に病んでいたはずだ。フィリピンでは今世紀に入り、エストラダ、アロヨという二人の大統領経験者が任期後に拘束され、訴追されている。ドゥテルテの場合すでにICCが捜査を宣言している。政敵が権力を握れば、収監されることも、ICCに捜査協力することもありうる。

退任時に七七歳となるドゥテルテにとっては、こうした事態は何としても避けたかったであろう。そのためには、娘を後継に据えることが最も確実な防御となったはずだ。微妙な関係であったとしても娘は娘。家族の絆を大切にするフィリピンで、権力の座にある子供が、父の刑務所行きを座視することはありえない。そもそもサラの政治的地位は父親の威光があればこそ、なのだ。

サラはダバオ市長だった一八年九月、翌年に控えた中間選挙について聞かれ、「ダバオ市民が選んでくれるなら市長の職を続けたい」と述べる一方、「退任後、確実に刑務所に行く父を守るために上院議員になるべきだとも言われている」と話している。[1] この時、サラは結局上院には立たず、ダバオ市長再選の道を選んだが、二二年の大統領選をめぐっては、彼女の動向が選挙戦の構図を決める台風の目だった。それではなぜサラは勝ち目のあった大統領選に出馬せず、ボンボンと組んでナンバー2をめざすことにしたのか。そこには両家の暗黙の合意があったとみる。ボンボンが大統領になれば、「戦争」にからむドゥテルテ周辺への刑事責任は追及せず、ICCへの協力もしないとの合意だ。ボンボンはドゥテルテ政権の継承を掲げて当選したが、就任後は対中国政策や違法薬物取り締まりなどで前政権との違いを見せている。二三年一一月二四日、ICCへの復帰について「検討する」と記者の質問に答えたが、二四年七月現在、国内での捜査は認めないとの姿勢までは崩していない。

いかに人気があるとはいえ、ドゥテルテの後を娘が襲えば、さすがに「権力のたらいまわし」「家族による権力の独占」との批判が出るだろう。それをかわすために敢えて父娘の意思決定が独立しているように見せかけたり、別の政党に属したりする「迷彩」を施したのではないか。ボンボンが大統領選に立候補した時、ドゥテルテは辛辣な論評を加えた。計算ずくの発言だったかは不明だが、結果的には「迷彩」になった。いずれにしろボンボンの次にサラが大統領に就けば、都合一二年枕を高くして眠ることができるとの計算が、この段階ではあったのだろう。

マルコス陣営を支えたデジタル・クローニー

ボンボンが大統領選で圧勝した要因には、サラとタッグを組んだことや高い支持率を維持したドゥテルテ政権の路線継承を唱えたことなどがあるが、それらに劣らず、いやそれ以上に重要な役割を果たしたのがソーシャルメディアである。ボンボン陣営はSNSを駆使することで求心力を高め、敵を徹底的に攻撃する戦略・戦術と実践で他候補を圧倒した。

ボンボンと最終的に一騎討ちとなったロブレドの公式アカウントのフォロワー数を投票日が近付いた二二年四月時点で比べると、FBではボンボンの五六〇万人に対し、ロブレドは二四〇万人、ツイッター(現X)こそ一〇〇万人で並んでいるが、インスタグラムは八三・五万人対二九万人。ユーチューブ二一三万人対二九・三万人、ティックトックは一三〇万人対二九・三万人となっている。とりわけ動画サイトで顕著な差がついている。[2] これはあくまで公式アカウントの比較である。「公式」だけあって内容もまだ穏当だ。

実際の選挙戦に大きな力を持ったのは、公式アカウントよりもインフルエンサーと呼ばれる人々が発した膨大な投稿だ。自発的なもの、純粋な支持者のものもあったろうが、多くは陣営や周辺にいる人々による組織的なプロパガンダとみられる。これらは「トロール・アーミー（Troll Army）」「トロール・ファーム（Troll Farm）」と呼ばれた。荒らし集団、あるいはデジタル雇い兵とでもいうべき存在である。特定候補を組織的に応援したり、貶めたりする。内容が過激なほど「いいね」やシェアが増える。集団同士でシェアしあって盛り上げる。圧倒的に持ち上げられたのがボンボンであり、誹謗中傷にさらされたのがロブレドだったことから、マルコス家のアーミーであり、ファームだというのが通説である。

シェアやコメント、「いいね」などのインタラクションが経済的価値を持つアテンション・エコノミーの時代だ。多くのフォロワーを持つインフルエンサーには巨額の広告収入が入る。ボンボンの取り巻き（アーミー）は、シニアの時代とは全く違う形で利益が転がり込む「デジタル・クローニー」とでも呼べる存在である。ドゥテルテ政権下では、モカ・ウソンら政権支持のインフルエンサーらにマーケティング会社から報酬も支払われていた。[3]

マルコス陣営は「トロールなど存在しない」と繰り返したが、アメリカの会社が運営するTroll Exposerというサイトが、トロールのアカウントの一覧を公開した。ツイッターは二二年一月にフィリピンの選挙に関する約三〇〇アカウントを、メタ社は同年三月にFBなどの約四〇〇アカウントを停止した。偽情報拡散の疑いが停止理由だ。メタ社は、一六年の副大統領選でロブレドが不正を働いたというボンボンの公式FB上の動画を「偽情報」の例に挙げた。ユーチューブもガイドライン違反として二一年第四半期に四万八千件以上の動画を削除した。いずれもボンボン派が多数を占めたとみられる。削除されたアカウントは虚偽情報発信元の一部に過ぎない。あとからあとから湧いてきた偽情報はいったいどのようなものだったのか。

「黄金のシニア時代」という言説

この大統領選挙で、広範囲かつ大量に流布した言説は、シニア統治の二〇年間が「黄金の時代」だったというものだ。ボンボン陣営、支援者、取り巻きのインフルエンサーがSNS上で広げた。何が「黄金」で、何が素晴らしかったのか。主張は次のように集約される。

当時は今よりずっと治安が良かった。経済が好調で暮らしが楽だった。人権侵害などなかったかごく少数だった。そもそも当事者(被害者)が自分で蒔いたタネだった……。「治安よし、経済よし、人権侵害なし」というものだ。当時を知る、あるいは歴史を調べたものにとってはとんでもない主張のように聞こえるが、あながちすべてを「偽情報」「でたらめ」と切り捨てるわけにはいかない面もある。

戒厳令下では治安が良かったという声は高齢者を中心に根強い。体感治安はその人の置かれた立場によって大きく異なるが、当時は午前零時から午前四時まで夜間外出禁止令が出されており、一般犯罪も含めて事件件数が減るのは当然ともいえる。一方政権の延命や戒厳令に反対する人々に対する弾圧が苛酷を極めたことは、先に紹介したアムネスティ・インターナショナルのレポートや「バンタヨグ・ナン・マガ・バヤニ」の展示に限らず多くの資料が残されている。政府も被害者に補償し、官報にも記述がある。それでも実際の被害者や生存者は国民全体の数からすれば圧倒的に少数だ。被害者らの声は「嘘」、「あったとしてもごく例外」というマルコス陣営周辺の流すプロパガンダにかき消されがちだった。

それでは「経済が良かった」「暮らしは楽だった」という言説はどうか。

国内総生産（GDP）の伸び率を世界銀行のデータでみると、シニア就任翌年の六六年から七二年までは年平均四・八%増加し、戒厳令翌年の七三年は八・八%に跳ね上がっている。石油ショックの七四年は三・四%に落ち込んだが、七六年は再び八・八%に戻し、以後八〇年までは五%以上を維持する。つまり戒厳令下ではまずまずの数字を残していた。ところが八二年三・七%、八三年一・九%と落ち込み、アキノ暗殺の翌年八四年からはマイナス七%、マイナス六・九%と連続で大きく落ち込んだ。第二次石油ショックに加え、主要農産物の砂糖やココナッツの国際価格が暴落したことが大きかったが、ニノイ暗殺後の政治的な混乱で投資が止まり、マルコス家と親しいクローニー企業の経営破綻も重なった。シニアが政権に就いたとき通貨は一ドル三・九一ペソだったが退任時には二〇・四六ペソに下落した。地元のシンクタンク、イボン財団によると、政府債務は一九六五年の五億九九〇〇万ドルから八六年には二八三億ドルへと約五〇倍に膨れた。賃金の上昇はみられず、物価は七五年から八六年までに四倍となった。

今ではほとんどの人の記憶にないだろうが、六〇年代、フィリピンは「日本に次ぐアジア第二の経済」と言われていた。ところが退任時は「アジアの病人」と揶揄されるようになった。戒厳令布告の当初こそ、経済が良かったとは言えても、在任二〇年余をトータルで見れば、大赤字だ。国家経済も財政も破綻したといってよい。マルコス家の取り巻きなど羽振りが良かった層が一部にあったとしても、圧倒的多数の国民の暮らしが良くなった事実はない。

植民地時代から少数の大地主が富を独占する体制が続き、ココナッツや砂糖など大農園による第一次産業だけでなく、電力、鉱山、物流、金融、通信、マスコミとあらゆる経済、権力を少数の一族が独占していた。「新社会(Bagong Lipunan)」を掲げたシニアは戒厳令下で、政権に協力的ではない財閥に対しては事業を接収するなどで厳しく弾圧した一方で、マルコス家とつながる新興の政商やクローニーは優遇され、事業が失敗すれば国費で補塡した。有名どころではバナナのフロイレンド、ココナッツのダンディン・コファンコ、砂糖のベネディクト、建設ではクエンカなどだ。財閥の交代、盛衰はあったが、少数支配のオリガーキー体制は変わらない、あるいは悪化していた。経済体制はクローニー・キャピタリズムと呼ばれた。マルコス家そのものも公共事業を食い物にし、許認可権や政府人事を使って巨額の賄賂を収受し、不正な蓄財を重ねていた。

偽情報の四類型

マルコス陣営とその支持者がＳＮＳを使って流した情報は主に、①父のシニア時代の賛美 ②シニア時代の悪行の否定 ③ボンボンのイメージアップ狙い ④敵対者、なかでも対立候補ロブレドへの攻撃、に分類することができた。

「黄金の時代」言説に連なる①②でよく見られたのは、シニアの時代に多くの空港や道路、橋、病院が整備され、他国の尊敬を集めていたというものだ。なかには「世界のスーパーパワーと呼ばれていた」という動画もあった。人権弾圧は嘘、不正蓄財などなく、資産はシニアが自分で稼いだ金だったという主張も目立った。マルコス家の財産については公金を横領したわけではなく、弁護士時代の収入からもたらされたとする動画や、植民地時代以前に存在したというマハルリカ王国のタラノ王家の財産を引き継いだというもの、シニアが政治家になる前に金塊取引で得たという主張などが入り乱れた。どれもこれも裏付けもないおとぎ話のようなストーリーだが、そうした動画が時に百万回以上再生されていた。

③は、家庭人としてのボンボンを強調する、自宅で料理する姿の動画などだ。サラと組んだ

選挙戦やパレードの様子を編集した動画もこれにあたる。④は、マルコス家の宿敵アキノ家に関するものも多かった。なかにはニノイはマレーシアの国籍を取得していたとか、イメルダがマラカニアンに遺したネックレスをコラソンや最高裁長官を解任されたセレノがつけていたなどの投稿もあった。

ロブレドは主要なターゲットだった。動画をつなぎ合わせて編集し、簡単な算数さえできないとか、汚職に手を染めている、あるいは無能といった誹謗中傷が繰り返された。娘のセックススキャンダルだという捏造動画も広く拡散した。共産主義者、シンパという虚偽のレッテル貼りも横行した。③を除けば、いずれも虚偽情報が多数含まれていた。

敗者ロブレド反省の弁

ロブレドは二二年一一月、米国のオバマ財団の民主化フォーラムに招かれ、「偽情報の拡散が選挙運動の最大の障害だった」と大統領選を振り返った。[4]「私たちは偽情報への対応で多くの過ちを犯した。副大統領に当選した二〇一六年、ひどいことが始まっていた。しかし最初の間違いは「フェイクニュースだ。気にすることはない」という態度で臨んだことだった」

「私たちは誤った情報に対して事実を指摘しようとしたが、ファクトチェックは私たちのエコ・チェンバーのなかで反響するだけだった。偽情報によって別のリアリティがすでに出来上がっており、そのバブルに入り込むことができなかった」「支持者のなかには火に対して火で、つまりすべての偽情報をSNS上で訂正することで闘おうとする人たちがいた。しかしそれが分極化に拍車をかけているとも感じた」「対立をあおるのはポピュリストの常套手段だが、分極化が進むともはや、基本的な事実が共有されなくなり、議論する機会さえ失われる」

エコ・チェンバーとは、自分と似た思考・嗜好・指向の声が反響する部屋に入ったような状態を指す言葉だ。SNS上で自分好みの見方や意見だけが響きあうように返ってくる。同じ嗜好の言説のなかに包まれる「フィルター・バブル」とほぼ同じ意味である。ロブレド陣営は、SNS発信に頼るのではなく、多数のボランティアらが戸別訪問を展開する作戦などで選挙戦終盤に追い上げを見せたが、それでも結果はダブルスコアの敗戦だった。

マラカニアン復帰へ向け周到だったデジタル戦略

マルコス家周辺のSNSキャンペーンはボンボンが大統領選出馬を表明した二一年に始まったわけではない。長年にわたり周到に準備が進められていた。

ラップラーによると、マルコス家に関する投稿が増えだしたのはイメルダが八五歳の誕生日を迎えた一四年七月二日に「マラカニアン復帰計画」を語った時からだったという。ボンボンを大統領にという、のちに実現した願望だ。当時上院議員だった息子にはその資格があると言った。[5] 一六年の選挙でボンボンは副大統領選に立候補したが、イメルダは「なぜ大統領選ではないの」と嘆いたと伝えられる。三年後の二〇一九年にアイミーが上院選に立候補すると、ネット上のマルコス家賛美はさらに盛り上がった。

ドゥテルテ政権に周波帯をはく奪されたABS‐CBNが、FBを運営するメタ社のモニタリングシステムCrowdTangleを使って分析したところ、ボンボンが副大統領選でロブレドに敗れた一六年には、マルコスに関する投稿が四一万六九三七件あり、約八七〇〇万件のインタラクションが集まっていた。[6] 最初の盛り上がりに関するロブレドの証言通りだ。

この年に最もインタラクションを多く集めた投稿は一一月一九日、シニアの英雄墓地の埋葬の賛否を問うもので計四〇万余だった。一七年にはやや下火になったものの、一八年にはシニアの勇敢さや、不正蓄財などなかったとする投稿が複数のアカウントに掲載された。ファクトチェックで「虚偽」と指摘された投稿も多くは削除されることがなかった。一八年五月にはすでに「ボンボン・マルコス‐サラ・ドゥテルテ 2022」なるアカウントから多くの発信がなされている。ボンボンが大統領選立候補を表明した二一年にはマルコス家に関するコンテンツは跳ね上がる。一〇月七日にロブレドが大統領選への出馬を表明すると、ボンボンのインタラクションは一八〇万件以上に急増した。それまでの一日平均の約九倍となり、ロブレド派の四八万七千件の四倍近くを記録した。二一年、ボンボンのインタラクション数は三億八一三〇万余件と、過去五年間における年間平均の六倍を記録した。

二二年の大統領選に立候補した主要五候補を投稿数で比較すると、ボンボンは各年で一貫して他候補を圧倒していた。マルコス家に関するFB上の投稿は、一六年以降、七億件以上のリアクション、コメント、シェアを獲得していた。

ケンブリッジ・アナリティカとモルモット

ラップラーは一九年九月、マリア・レッサがケンブリッジ・アナリティカ(CA)の元社員クリストファー・ワイリーにインタビューした記事を配信した。[7] CAは米国のトランプ政権で主席戦略官と大統領上級顧問を兼務したスティーブ・バノンが役員をしていた選挙コンサルティング会社だ。CAはFB上の八七〇〇万人分の個人データを不正に取得し、個人の趣味や政治信条などを細かく分析して政治広告に生かした。これにより一六年の米国大統領選でトランプを当選に導き、同年の英国のEU離脱(ブレグジット)をめぐる国民投票で、残留派を破る原動力になったとされる。ワイリーはこの選挙工作を暴露した内部告発者だった。

FBから流失した八七〇〇万人のデータのうち七〇六〇万人は米国の利用者で、フィリピンはこれに次ぐ第二位の約一二〇万人だった。CAの親会社であるストラテジック・コミュニケーション・ラボラトリーズ(SCL)のウェブサイトを見ると、世界中に一三のオフィスがあり、その中にはフィリピンが含まれていた。SCL現地事務所としてウェブ上に示された会社は一二年に設立され、ドゥテルテに近いダバオ出身の弁護士が会長に就任している。

一六年のフィリピン大統領選の約一年前、CAのCEOアレクサンダー・ニックスがマニラを訪問し、ドゥテルテの友人や政権発足後に広報次官となるジャーナリストらと懇談している。このジャーナリストは記事のなかでニックスの言葉を引用している。「テレビが選挙戦を支配し続ける一方で、選挙に勝つための最も強力な方法は、有権者自身に選挙運動をさせることだ。選挙参謀はデータを使って、人の行動に影響を与えなければならない」。ニックスはフィリピンでの講演で「マイクロターゲティングやプロファイリング、予測分析など多くの最新ツールによる新戦略と戦術」についても話している。CAがトランプの選挙戦で助言したとされる技術だ。

ワイリーが一三年にSCLに入社する前から、SCLはフィリピンで活動していた。レッサとのインタビューで、ワイリーは「フィリピンはネット利用者が多く、法の支配が行き届かず、政治家が汚職まみれ。こうした国はSCLが有権者の意見を操作したり、プロパガンダを流したりするテクニックとテクノロジーを試すのに最適だった」「欧米では簡単に実験できないような戦術やテクニックを試すことができる。うまくいかなくても問題にはならないし、捕まることもない。うまくいけば他の国に移植する方法を考えればいい」と、規制の厳しい欧米諸国で戦略を実行する前にフィリピンの選挙でネット戦略を試行したことをうかがわせた。「フィリピンでの試行錯誤はブレグジットやトランプ勝利へのテストになったか」というレッサの質問に対して「フィリピンの政治はなんだかアメリカによく似ている。トランプが大統領になる前にトランプのような大統領がいて、SCLやCAと彼に近い人たちとの関係があった」と答えた。トランプのような大統領とは、もちろんドゥテルテのことである。

ソーシャルメディア選挙元年

ラップラーはドゥテルテ周辺の人物とCAやSCLとのかかわりを報道しているが、誰が選挙をどう手助けしたかを突き止めたわけではない。ドゥテルテ陣営は選挙戦におけるCAの関与を否定している。それでも英米に先立ち、CAやSCLがフィリピンの選挙をネット戦略の実験場としていたとの告発は興味深い。

国際非営利組織の「インターニュース」は一六年を「ソーシャルメディア選挙元年」と位置づけ、「メディア操作が勝者のツールキットとして有効な一部となりうることを示した」とし、フィリピンでのSCLの活動を例に挙げた。「一六年は世界中の権威主義政治にとって極めて重要な年だった。フィリピンは米国、英国、ブラジルなど他の国々と同様に、自由民主主義政治から反体制的なレトリックによって定義される怒れるポピュリズム政治へと振り子を振った。

ソーシャルメディアによる偽情報の主流化が一役買ったことは間違いない」と指摘した。[8]ドゥテルテが大統領選に勝利し、その一カ月後に英国の国民投票でEUから脱ける「ブレグジット」が支持多数となった。さらに一一月にはトランプが米国大統領に当選した。ブラジルではボルソナーロがこの年、大統領選への立候補を宣言し、一八年の選挙で当選した。

レッサは一六年のフィリピンは、SCLやCAの情報操作の「モルモット」だったとし、権威主義体制が広まる転換点として「最初に倒れたドミノ」だったと規定した。[9]

フクヤマは、SNSが政治や選挙に与える影響についてフィリピンを例に挙げ、通信無料サービスを通じて数年のうちに国民の九五％が使うようになったFBを利用して、権威主義的大統領ドゥテルテが恐ろしく効果的に敵を攻撃していると指摘している。[10]

世界一のSNS利用国

英国のネット調査会社「We are Social」のレポート「Digital 2022: The Philippines」によれば、フィリピンのネット利用者は七六〇一万人（人口の六八％）。ソーシャルメディアの利用者数は一四年の三四〇〇万人から前回大統領選のあった一六年には四八〇〇万人となり、二二年には九二〇五万人と右肩上がりに増えた。八年間で約二・七倍である。さらに同レポートによれば、フィリピン人は一日平均一〇時間二七分をネット利用に費やしている。世界一の長さだという。

うちスマホ利用は五時間四七分に及ぶ。

同じレポートによると、ソーシャルメディアの利用者九二〇五万人のうちFBの利用者は八三八五万人だ。メタ社はFBの利用を一三歳以上としていることから、事実上、国民すべてが使っている計算になる。ユーチューブは五六五〇万人。ティックトックは三五九六万人で、利用者の六五・三％を女性が占めている点が特徴的だ。インスタグラムは一八六五万人。ツイッターは一〇五〇万人と劣勢だ。パルスアジアの二一年九月の調査でもインターネットユーザーの九九％がFBのアカウントを持っているとの結果が出た。ユーチューブが五七％で続き、一七％がティックトックに登録している。インスタグラムは一四％、ツイッターは八％と先のレポートと同様の傾向を示している。

注目されるのは、ティックトックだ。パルスアジアによると、ユーチューブのアカウントを持っている人の割合が低下し、ティックトックが急激に増えている。二一年六月の調査に比べ、三カ月後にはユーチューブが六六％から九ポイント下げているのに対して、ティックトックは一四％から一七％に伸ばしている。マニラ首都圏に限れば一七％から二八％に急増している。

ロイタージャーナリズム研究所の「2022デジタルニュースレポート・フィリピン版」によると、二〇二〇年、ニュースを知るのにティックトックを利用した人は二％だったが、二二年五月には一五％となっていた。

ティックトックが主戦場

日刊紙インクワイラーは、大統領選最終盤の二二年四月末、「選挙戦の主戦場にティックトック チェックされない嘘が野放しに」との見出しで、パイのレシピやダンスのうまさを競う動画プラットフォームが政治的プロパガンダの重要な戦場に変貌を遂げたと論評した。[11] ユーチューブなど他の動画サイトと比べて短時間の映像にキャッチーな曲を重ねる。政治的に複雑なメッセージや主張を載せるのは難しい一方で視聴者の感情に端的に訴えかける力が強い。候補者のイメージをブランディングしたり、相手候補を誹謗中傷したりする訴求力が強い。

ボンボン陣営はティックトックをフルに利用した。優雅なライフスタイル、好感の持てる親しみやすい家族としてマルコス家を描く一方、対立候補のロブレドは愚かで思慮の足りない女性に見えるよう編集された動画が多数投稿された。

同紙のチームが二月二五日から三月二五日まで大統領選の主要な六人の候補者にまつわるティックトック動画を分析したところ、ボンボンは数十億のビューを獲得して他候補を大きく引き離していた。ボンボン陣営で最も閲覧されたハッシュタグ「#bbm」は五週間で四六億回から六二億回に急増した。「#bbm2022」というハッシュタグは一五億ビューを記録した。

一方、ロブレドのハッシュタグ「#lenirobredo」が一〇億回を超えたのは、調査を始めてから四週目だった。他のハッシュタグも二〇〇万から一億四八七〇万回の閲覧数にとどまった。

フェイクニュースへの警戒とフィルター・バブル

民間調査機関「ソーシャル・ウェザー・ステーションズ」(SWS)が二一年一二月、フェイクニュースに関する意識調査を行ったところ、調査対象の約七割が「深刻な問題」だと捉えていた。二二年九月のパルスアジア調査では八六％の回答者が「問題だ」としている。これらの調査をもって、フィリピン人もSNSの危険性は十分に認識している、ボンボンの勝利をSNSによるプロパガンダの結果だとするのは間違いだとする見方もある。しかし、「フェイクニュースは深刻な問題」と捉えていれば、その罠に陥らないとは言えない。実際ボンボン支持者と話すと、多くはエコ・チェンバーやフィルター・バブルのなかに入り込んでいる印象を受ける。事実を伝えても「それは嘘だ」と反発される。最も白黒がはっきりしそうな「シニアの時代は経済が良かった」という主張に、政府の統計や世界銀行のデータを示して反論しても、統計が操作されているという。ボンボンが巨額の相続税を払わず、最高裁で確定判決が出ていることを指摘しても動じない。最後は「バスタ(とにかく)」というフィリピン語で締めくくられる。マルコス家にとって都合の悪いデータについては、政府も裁判所も国際機関も内外の大手メディアも、黄色(アキノ支持のシンボルカラー)勢力に操作された結果だという。結局は陰謀論なのだ。

フィリピンには多くのファクトチェック団体が存在する。Tsek.ph や #FactsFirstPH といった組織のほか、新聞やテレビなどのメディアが主宰するものもある。日本以上に活動は盛んな印象だ。多くの団体がトロール情報の真偽を点検し、誤りを指摘している。ジャーナリズムのうえでも重要な活動だと評価されるが、マルコス支持者に届いているとは言えない状況だ。ロブレドの指摘通りだ。偽情報を流したり、信じたりする人たちは、大手メディアや学界を信用できないエリート集団とみなし、彼らの敵、信用できない輩だと感じているからだろう。

SWSの調査で注目されるのは、インターネット上のフェイクニュースが深刻だと憂慮する回答者が六七%だったのに対して、テレビ、ラジオ、新聞など伝統メディアの方が深刻だと回答した人が七〇%に上ったことだ。

フィリピンに限らず世界中の伝統メディアはさまざまな問題を抱えている。それでもネット上にあふれる真偽不明の情報に比べれば、程度の差はあれどもチェック体制を持ち、正確性は高いと見るのがふつうではないか。ちなみに日本新聞協会が二一年一〇月、各メディアについて「情報が正確であるか」と日本全国の一二〇〇人に聞いたところ、新聞が四七・五%でトップ、テレビが三五・六%、インターネットが一五・五%だった。私が観察する限り、フィリピンの伝統メディアはそれぞれ特色や政治的なスタンスに違いはあっても、それなりにきちんとした取材をしているし、報道もしている。だが国民は必ずしもそう評価していないということだ。

それではフィリピン人はどこから政治ニュースを得ているか。パルスアジア調査によると九一％がテレビと回答している。続いてラジオが四九％で、インターネット四八％。その次は家族の三七％で知人は二五％、最後が新聞でわずかに三％である。新聞社出身でいまでも日本に限らずフィリピンの新聞にも毎日目を通す身としては、結構ショックな数字である。

日本新聞協会の先の調査では「世の中で起きていることの最新ニュース等」を得ているのは、テレビが七一・九％でトップ、インターネットが五六・一％で続き、落ちぶれたとはいえ、新聞も四二・二％をキープしている。家族や知人という選択肢はそもそも用意されていない。

フィリピン中央選挙管理委員会によると二〇二二年の選挙の有権者は約六五七五万人。うち一九八〇年以降に生まれた人は半数を超えた。ネットに親しんできた世代であり、八六年の政変も「ピープルパワー」も知らない世代である。

第7章　ピープルパワー神話の終焉と新たな物語の誕生

記事にしなかったボンボンのインタビュー

一九九五年四月一日夜、私はフィリピン南部ミンダナオ島ジェネラルサントス市のホテルのレストランでボンボンと向きあった。翌月に控えた上院選に立候補していたボンボンは当地での遊説を終えた後、単独の取材に応じた。演説を重ねたため声がかすれていた。取材メモからやり取りを起こす。

――当選の自信はあるか。

「父は選挙のたびに落選の恐怖を抱いていたと話していた。私ももちろんだ」

――三年後（一九九八年）に大統領選があるが、立候補するか。

「私は二〇年間、大統領である父の姿を間近に見てきた。その苦しみや痛みも。私はそれに挑戦する人間ではない。三年前(九二年)に母が大統領選に立候補したが、あれは間違いだった。もっともそのおかげで私はいま、全国で選挙活動を行うことができているのだが」

父の時代の人権侵害や不正蓄財、逃亡時の財産持ち出しなど愉快でないはずの質問も多くぶつけたが、聞かれ慣れているのか、激することもなく淡々と答えた。「父の存在から逃げようと思ったことはない。無理なことだ」とも話した。

しかしながら、とどのつまり「私にどうしろというのか」という開き直りを感じた。選挙の資金源は、いわゆる隠し資産からかとしつこく食い下がると、「選挙が終わればすべてを明らかにする」と笑いながら答えた。もちろん明らかにすることなどはなかった。

マルコス家が米国ハワイから帰国した翌年の九二年、イメルダは大統領選に立候補し、敗れたものの、ボンボンは父の故郷の北イロコス州選出の下院議員に当選していた。九五年五月、復権をかけて上院選に挑んでいた。私はこの選挙で上院選の候補数人にインタビューしたが、結局ボンボンとの会見を記事にすることはなかった。当時はいまのようにウェブで発信するといった機会はなく、新聞のスペースは限られていた。ボンボンは当選しそうもなかったし、実際にこの時は一六位で落選した。何より、母のイメルダや姉のアイミーとのインタビューに比べて話が面白くなかった。上院議員になって何がしたいのかがわからなかった。

国外脱出時は二八歳の知事

二七年後、一七代の大統領になったフェルディナンド・マルコス・ジュニアとは何者か。ボンボンは愛称だ。父の名前にジュニアをつけ、区別するために愛称を普段の呼び名とするのはフィリピンではよくみられる習慣だ。父はいま、シニアと呼ばれる。例えば一五代大統領のベニグノ・アキノ三世は、愛称のノイノイで呼ばれていた。祖父が戦前下院議員や閣僚を務めた政治家で、父はマルコス政権下で暗殺されたベニグノ・アキノ・ジュニア。通称ニノイ。殺害された現場である空港に名が冠されている。ニノイ・アキノ国際空港だ。

ボンボンは一九五七年、シニアとイメルダの間の第二子として生まれた。三人きょうだいで姉は上院議員のアイミー、妹アイリーンだけは公職についていない。ボンボンは一〇代で英国に送られ、オックスフォード大学に進学した、同大卒と称していたが、実は卒業できなかったことがその後明らかになり、学歴詐称と批判された[1]。戒厳令下の八〇年、父の出身地で強固な選挙地盤である北イロコス州の副知事に無投票で選出され、三年後に知事になった。父親の悪行とは無関係、あるいは知らなかったという支持者もいるが、米国に追放された時は二八歳の知事。「何も知りませんでした」「責任は一切ない」では通らないのではなかろうか。

「気ままで怠惰」と父の不満

職歴としては知事のほか、帰国後に上下院議員を務めた。大統領選ではポスターに「公職三〇年」と経験を謳ったが、大統領になるまでの政治家としての業績をすぐに説明できる人は多くないだろう。ニューヨーク・タイムズは二〇二二年四月一三日のネット配信で、ボンボンは上院議員だった一〇年から六年間で五二本の法律制定にかかわったが、七割近くは祝日や祭日の指定、高速道路の名称変更、地方や市の配置変更に関するものだったと報道している。

逆にいえば、「公職」以外の定職についたことはなく、「息子」であることが最大のアイデンティティであり、選挙のキャンペーンの売りでもあった。選挙が終了し、勝利が確定的となった二二年五月一〇日、ボンボンは「先代ではなく、私の行動で判断して欲しい」との声明を出した。それでも父親の幻影とともに選挙戦を闘ったことは否定のしようがなかった。

二一年一〇月、ボンボンが大統領選出馬を決めたとき、ドゥテルテは「私は彼を信用していない。海外で学び、きれいな英語で演説できるが、中身は甘やかされて育った一人息子。危機の時にリーダーシップを期待できない弱いリーダーだ。侮辱ではない。真実だ」と評した。マルコス家と近いとみられていたドゥテルテの発言の真意は不明だが、少なくとも反マルコス派の人々は、的を射た人物評価だと感じたはずだ。

実は似たようなボンボン評をしている大統領がもうひとりいた。シニア、つまり父親である。

歴史家のアンベス・オカンポが発掘したシニアの日記のなかに、ボンボンについて「気ままで怠惰(carefree and lazy)」と評し、心配していたというくだりがある。一九七〇年三月一五日付の日記には「イメルダは、学業そっちのけで遊んでばかりいるボンボンを制御できておらず、私たち夫婦に災難が降りかかったと感じている。ボンボンは二日間宿題をせず、二人の友人と一緒に夜更かししていた。私は彼の友人を宮殿から追い出すと警告した。ボンボンにはまだ意志の強さが備わっていないと感じる」とある。[2] 一〇代のころと現在を比較するのはフェアでないかもしれないが、名前の通り甘やかされた息子という認識はドゥテルテとシニアに共通する。

「偉大な父」のイメージを背景に選挙戦を闘ったボンボンだが、性格や立ち居振る舞いは父子で大きく異なった。シニアは日本との戦争で負傷しながらも武勲をあげたとする作り話を前面に押し出して、マッチョを演出した。司法試験で史上最高の成績を収め、弁舌も立った。国内では権謀術数をめぐらして政敵をつぶした。東西冷戦下、旧宗主国の米国や共産主義国ともしたたかに渡り合い、記者会見から逃げることもなかった。女性関係は派手だった。

それに対してボンボンのイメージは優しい家庭人だ。ティックトックで料理を披露し、結婚後は女性関係の噂もほとんど立たない。口調はたいてい穏やかで、父のように激高する姿を見せたことがない。路線継承を誓ったドゥテルテとの個性の違いも著しい。喧嘩腰になることはなく、アンチ・ポリコレの系譜からは遠い。もっとも事実に反する話をすることも多いので、ポリコレを体現しているわけでもない。

大統領選でボンボンは候補者討論会のすべてを欠席した。六年前の副大統領選で他候補からやり込められる場面が目立ったことから回避したとみられる。過去の大統領選では見られない欠席戦術に加え、厳しい質問をしそうなメディアとの会見を拒否したこともあって、政策も曖昧模糊としていた。例えば南シナ海の領有権問題にどう対応するのか、選挙中ははっきりしなかった。演説でも「ドゥテルテ政権の継承」「ＵＮＩＴＹ（団結）」と言うばかりだった。私が一九九五年のインタビュー時に抱いた印象は、大統領選を観察するなかでも大きくは変わらなかった。大統領になって何をするのか、どんなフィリピンをめざすのか、ビジョンが伝わってこなかった。

オイディプスのよう

ボンボンが大統領に就任して一カ月が過ぎた二二年八月、フィリピン各地の映画館で映画『メイド・イン・マラカニアン（Maid in Malacañang）』が一斉に公開された。政変によりマルコス家が国外に追放された一九八六年二月二五日までの七二時間をマルコス家の視点で描いている。姉のアイミーがクリエイティブ＆エクゼクティブ・ディレクターとして映画の脚本づくりに携わるとともに、物語の主人公になっている。一家の危急存亡の時に宮殿を仕切ったのはシニアでもイメルダでもボンボンでもなく、アイミーだったという筋書きだ。「メイド」というのは映画のなかでシニアがアイミーに「おまえはマラカニアンに奉仕する最高のメイドだ」と称える場面からとっている。

映画を観たオカンポは「大統領に同情した」と新聞のコラムに書いた。「ボンボンは全編にわたり軍服姿で父親の関心と承認を求めて泣きわめく子供のように描かれていた」。国外追放の直前、「もうここには戻ってこられない」と嘆き悲しむイメルダとともにベッドに横たわり、「帰ってくるよ、僕らは帰ってくるよ」と繰り返すシーンについて「オイディプスのようだ」と極めて親密な母・息子関係の描写を評した。[3] 上記のシーンには私も相当な違和感を抱いたが、フィリピン人にとってはそうでもないという。母と息子の近さ、愛情表現のてらいのなさは日本人と比べものにならないからだ。母の強烈な個性が息子の「マザコン」を際立たせている面も否定できない。マラカニアン復帰の原動力であり、道筋を描いたのはイメルダだった。先に紹介したインタビューでボンボン自身、上院選への立候補は母の勧めであることを認めていた。二二年の大統領選も終盤となった四月末、ボンボンはテレビ局CNNフィリピン(二四年一月末で放送停止)で、父と母について語った。「父は政治的な天才だった。それでも母が一族の中で最高の政治家だったという私の見解に父も反対しないだろう」

ボンボンの大統領就任式後、イメルダは「私は二人の大統領を持った。世界で一番幸せ」と喜んだ。アイミーによると、老齢によりほとんど聞こえていなかった耳が聞こえるようになり、車椅子なしでも歩けるようになったという。[4] 就任式の二日後の七月二日にイメルダは九三歳となり、誕生祝いのパーティーがマラカニアンで盛大に催された。「大統領府で早速浪費が始まった」という報道に対して、アイミーは「単なるミリエンダ（おやつ）。公費は使っていない」と反論した。[5]

弾けるスーパー姉、アイミー

私は〇六年二月、首都圏マカティ市の和食レストランでアイミーと食事をした。政変二〇年の企画取材だった。当時五〇歳。考えながら答える落ち着いた語り口が印象に残っている。追放された時の思い出を聞くと、マラカニアンから乗せられたヘリのなかで乳飲み子だった長男のミルクについて心配したと話した。「ストレスで母乳が出なくなり、本当に困った」。亡命先の米国から祖国に戻ったら、子供向け映画を作りたいと思っていたという。ところが待っていたのは政治だった。母と弟に頼まれ、九八年の下院選に地元の北イロコス州から立候補し当選した。「下院選の運動を通して、大統領選に出馬していたエストラダを支援する見返りに、マルコス家に対する約四〇〇件の政府の訴訟を終わらせたいと考えた」と率直に語った。

アイミーは当時、下院議員として、ボンボンは北イロコス州知事としてともに三期目だった。

四選は憲法で禁止されている。そこでボンボンが下院に、アイミーが州知事に入れ替わって立候補すると見られていた。「それはやめたい。だれも信じないけれど。普通の人になりたいともがいてきた。でも、だめみたい。これからも何が起きるかわからない」と話した。実際に翌〇七年、ボンボンはアイミーの後を継いで下院議員になったが、知事職はいとこに譲った。それでも三年後の一〇年には結局、知事になった。

「独裁者の娘、人権侵害の加害者と二〇年間、毎日のように言われ続けた」と淡々と話したあと、自嘲気味にこう付け加えた。「この国は政変を経ても変わらない。政変前も議員だったマルコス家の私が今も議員だ」。アイミーは政変前、父が作った青年組織の全国議長を務め、国会議員にもなっていた。「おまえが男だったらなあ」と父からいつも言われていたという。ボンボンと比べても、後継者としての資質を感じていたのであろう。『メイド・イン・マラカニアン』で描かれている通りだ。

〇六年当時のアイミーの印象は、自らの置かれている状況を十分に認識する思慮深い女性といったものだった。ところが一九年に上院選に当選し全国区の政治家として名乗りを上げて以来、私の抱くイメージは大きく変わった。弟が大統領に就任するとさらにギアを上げ、「弾けた」感じがする。母のスポークスパーソンやドゥテルテ家との橋渡し役を務め、自身を主人公とした映画をプロデュースする。ＳＮＳでは「Super Ate（姉）」のタイトルで動画を拡散する。

我が世の春を謳歌する絶頂期にいるようだ。時には上院で弟の政策に異を唱え、中国との友好を訴える。財務省がコメ不足を理由に関税削減を検討した際は、農民の座り込みに参加した。[6]大統領と与党の上院議員というより、目端の利く姉に頭の上がらない弟といった場面がしばしばみられる。

落日のアイドル、クリス・アキノ

大統領の娘であり姉であるアイミーにスポットライトが当たる一方で、同じく大統領の娘であり妹であるもう一人の女性は苦境のなかにいる。

二二年一月、クリス・アキノのインスタグラムを見た多くのフィリピン人はショックを受けた。五〇歳。「メディアの女王」と呼ばれた女優、テレビ司会者が痩せてやつれきった面持ちでベッドに横たわる姿を投稿したからだ。免疫にかかわる難病のため米国で化学療法をうけていることを明かしたうえで、「これが永遠の別れではない。みなさんの祈りに感謝します」との言葉を添えていた。

クリスはニノイとコラソンの間に一九七一年に生まれた。五人の兄妹の末っ子で、唯一の兄はノイノイだ。父がシニアの政権に拘束されながら選挙に立候補した時は七歳でステージに立ち、応援演説をした。以来、アイミーと同じく父の亡命で米国に同行し、暗殺後に帰国した。

「ピープルパワー」政変をはじめ政治の節目節目でもメディアに登場し、物おじしない発言をしてきた。母が政権に就いた後、一〇代から芸能活動をはじめ、自分の名前を冠としたテレビ番組を多く持った。フィリピン国民がテレビでクリスを見ない日はなかった。

女王と呼ばれる国民的な人気を得たのは、出自のせいばかりではない。軽妙洒脱なトーク術もさることながら、不倫、未婚のままの出産、結婚、夫の不倫、性病の感染、離婚、恋人の暴力、障害のある子との生活など、私生活を隠さずにさらけ出したからだ。大統領である母や兄を巻き込むメロドラマは、同時進行形のリアリティショーのように国民をはらはらどきどきさせてきた。雑誌編集者のサンディー・ヘンソンは「国民はクリスの成長を見てきた。彼女はフィリピンの一部だ。好きでも嫌いでも目を離せない」と語っていた[7]。病気の進行や迫る老いをもＳＮＳに投稿するクリスの姿勢は、彼女の生きざまとして一貫している。〇六年二月、私はアイミーに加えてクリスにもインタビューを申し入れた。政変後の二〇年を元大統領の娘たちがそれぞれどのように過ごしたか、聞いてみたかった。

革命の舞台となったエドサ通りでは当時、一一歳年下の婚約者の肩に体を預けて腰かけるクリスの巨大なビルボードがいやでも目を引いた。フィリピンの服飾ブランド「ベンチ」の広告塔だ。隣のビルボードには別ブランドのモデルとして俳優のボギー・マノトックが起用されていた。政変時には乳飲み子だったアイミーの長男である。

クリスは「女王」として絶頂期にあった。月曜から土曜まで毎日生放送される視聴者参加型のゲーム番組を司会し、日曜はトークショーを仕切る。テレビにCM、映画撮影……。七三歳になった母コラソンは三五歳になった娘の番組に誕生日のメッセージを寄せた。「以前はあなたがコーリーの娘と呼ばれたけれど、今は私がクリスのお母さんと呼ばれる」。

クリスが専属契約を結んでいたABS-CBNのスタジオでインタビューする約束だった。収録の合間にクリスはあくびを連発していた。疲労の色が濃い。その顔が輝いたのは発達障害のある息子をスタジオで見つけた時だった。息子を抱きしめ、「待っていて」と声を掛けた。番組でクリスは参加者に質問した。「ピープルパワー1から何年たつの？」。マルコス政権崩壊は「1」。やはり群衆が違法賭博疑惑の大統領エストラダを辞任に追い込んだ政変はピープルパワー2だ。政変の話題を参加者には振っても、インタビューを受ける際に「政治について聞かないこと」という条件をつけてきた。そのころ、「クリスはプライベートでも政治の話は最近一切しないようになった」と彼女の親しい友人が話していた。かつては政治についてもひるむことなく語っていた。〇三年一一月の記者会見では、〇七年の上院選について聞かれ「出ると思う」と答え、「そのために行政学か経営学の修士号を取得したい」と語っていた。会ってしまえば、なぜ政治の話を避けるのかも聞いてしまおうと私は考えていた。ところが、番組収録が押しに押して、インタビューはドタキャンになった。当時バンコクに駐在していた私には取材を再設定する時間的余裕はなかった。

マルコス家とアキノ家の物語

過去四〇年のフィリピン現代史を振り返るとき、マルコス家対アキノ家を軸に据えた因縁話とすることも可能だろう。ともに親子で大統領を務め、夫や妻、子供たちも有名人だ。とすれば、政治的に復活したマルコス家に対して、二人の大統領が鬼籍に入り、末っ子のクリスも病床にあるアキノ家との対照は、いやがおうにも主役交代を思わせる。敢えて単純化すれば、リベラル的なものから権威主義的なものへの再転換を象徴する物語と見ることができるかもしれない。

政変一〇年の際にインタビューした人々のなかに歴史家のレナト・コンスタンティーノがいた。当時七七歳。亡くなる三年前だった。政変当時、マラヤ紙の編集長兼コラムニストとしてエドサ通りを歩き回った泰斗は、次のように語っていた。

「一〇年後の結果から、あれは革命ではなくて、反革命だったことがわかる。独裁政治が少数者に牛耳られる別の体制に、支配層がマルコスの取り巻きからアキノの親族らに代わっただけだ。一方、政策はマルコスのものを引き継いだ。今、マルコスの取り巻きも政権の中枢に戻っている」「表現や報道の自由といった市民権は回復したが、良き生活を送る権利、経済的な自由などは無視されており、民主主義が回復したとは言えない」「政府の汚職体質はより悪化した。経済的な門戸開放を急ぐあまり、国内産業が育たない。海外出稼ぎ、都市の不法占拠者が急増、コメが不足している。国民総生産が増えたというが、貧困は全く解決していない」

政変二〇年の際にアイミーが語った「この国は変わらない」という言葉と通底するところがあるように私は感じる。そして政変三〇年の二〇一六年にドゥテルテが大統領に就任し、その六年後にマルコス家はマラカニアンに返り咲いた。それはフィリピンが変わらなかったからか、あるいは変わったからか。

変わらない貧困と格差

確かに変わらなかったものがある。最たるものが「貧困」である。開発経済学者の不破信彦は二〇一四年の論文で「アジアの発展途上諸国の中でもフィリピンの貧困削減パフォーマンスの悪さは群を抜いている」と論じている。過去二〇〜三〇年間、一人当たりの国民所得の伸び率が近隣アジア諸国に比べて著しく低いうえ、経済成長の速度に比べて、絶対貧困の減り方が他の途上国に比較してさらに遅いという。一人当たりの国民所得が一％増えると、絶対貧困率が何％減少するかを示す貧困削減の経済成長弾力性の値は、近隣アジア諸国が三〜三・五であるのに対してフィリピンは一・六にとどまる。絶対貧困率の相対的高さに加え、所得分配の不平等がアジアでも最悪水準で停滞している。つまりフィリピン経済は国民所得全体が一貫して伸び悩んできたのみならず、その小さめの「パイ」を分け合う配分のパターンにおいても格差が大きく、貧困層にとっては二重に不利な経済・社会構造を長年引きずっているというのだ。[8]

裏付けるデータはいくらでもある。フィリピン国家統計局によると、マルコス政権最終年の一九八五年から政変を経てラモス政権の終盤の一九九七年にかけて人口あたりの貧困率は四九・三%から三六・八%に減少したものの、人口増のため貧困人口は二六二三万人から二六七七万人に逆に増えた。二一世紀に入ってからの貧困率は〇三年から一五年まで三年ごとの調査で二五%前後、貧困人口は二〇〇〇万人から二三〇〇万人と横ばいだった。ドゥテルテ政権下の一八年では一六・七%、一七六七万人、二一年が一八・一%、一九九九万人と多少減少傾向にあるものの、二〇〇〇万人が依然として貧困から抜け出せない。

所得格差を示す代表的な指数はジニ係数だ。〇から一の間で推移し、大きくなるほど所得格差が開いている状態を表す。世界銀行(以下「世銀」)が二二年一一月二四日に発表した報告書「フィリピンにおける貧困と不平等の克服」によると、フィリピンは一九八五年が〇・四二四、二〇一八年には〇・四二三と横ばいだ。

一八年現在で所得階層別人口の上位一%が占める国民所得の割合は一七%。一方で下位五〇%は一四%に過ぎない。一四〜一九年のデータ入手可能な東アジア・大洋州六三カ国のうち、

「フィリピンより所得格差が大きいのはタイだけだった」と指摘した。ちなみにタイは、クレディ・スイスの一八年の報告書で「世界一不平等な国」とされている。英国を拠点とする国際NGOオックスファムが二三年一月一六日に発表した報告書によると、フィリピンでは大富豪の上位九人が、国民の半数以上(五五〇〇万人相当)の富を独占している。

アジアの発展に取り残されるフィリピン

フィリピンも昔に比べれば豊かになった。中間層も増え、マニラ首都圏では高層ビルが立ち並ぶマカティやボニファシオ・グローバルシティーといった地域もできている。しかし東南アジアの他国と一人当たりの国内総生産(GDP)の推移を比較すると違った感慨を覚える。

二三年の世銀のデータによると、シンガポールが断然トップの八万四七三四ドル、産油国のブルネイが三万三四三一ドルと高い水準だ。マレーシア(一万一六四九ドル)、タイ(七一七二ドル)、インドネシア(四九四一ドル)と続き、三七二六ドルのフィリピンは、ベトナム(四三四七ドル)に抜かれている。シンガポール、ブルネイなどの高所得国を除く東アジア・太平洋地域の平均は九九一三ドルである。

一九九〇年の数値を見ると、フィリピンは八二一ドル。これに対してインドネシアは五八三ドル、ベトナムは九七ドルと一〇〇ドルに満たなかった。東アジア・太平洋地域の平均は四一六ドル。つまりフィリピンは東アジア・太平洋地域の平均を倍近く上回り、ベトナムの八倍の豊かさだった。三〇年余りでフィリピンは四倍以上になった。だがインドネシアは八倍、東アジア・太平洋平均は二四倍、ベトナムは四五倍の伸びを示している。インドネシアと東アジア・太平洋平均は二〇〇〇年代前半にフィリピンを超え、ベトナムは二〇年に追い越した。近隣諸国が相次いで高度成長するなかで、フィリピンでは豊かさや生活の向上が実感しにくい状況が続く。

インフラ整備の遅れを象徴するのが、年々ひどくなる首都圏の渋滞といつまでもお粗末な国際空港だ。いずれもアジア最悪の部類である。ノイノイ時代の不作為を第2章で指摘したが、それは歴代政権のつけが回った結果でもある。グローバル化に伴う経済発展のなかで、多くの新興国は鉄道や高速道路、空港を整備してきた。

フィリピンの人口の約一〇分の一は出稼ぎなどで海外に住んでいる。発展する隣国にいれば「なぜ祖国だけが変わらないのか」というフラストレーションをため込む日々が続く。そうしたフラストレーションがたまっているところに出てきたのがドゥテルテだった。

奇跡の革命物語の敗北

一六年二月二五日。政変三〇年の式典で、大統領のノイノイは「マルコス時代が黄金時代だったなんてデタラメだ。アジアの病人と呼ばれ、マルコスの命令で国民が国民を傷つけ拷問した。そんな戒厳令の時代が二度と来ないとは言えない」と力を込めた。シニアを「史上最高の大統領」と持ち上げるドゥテルテが大統領選の世論調査で首位をうかがい、SNSで「黄金のシニア時代」の言説が勢いを持ち始めていたことにノイノイは危機感を抱いていた。しかし現職大統領の後押しもむなしく、後継指名したマル・ロハスはドゥテルテに大差で敗れた。

思い返せば、ノイノイの大統領就任は、「ピープルパワー神話」が神通力を持った最後のイベントだった。日下渉はこれを「投票によるピープル・パワー」と評した。[9] 汚職や選挙介入の疑いで国民の間にアロヨ政権への不満が頂点に達していたところに、コラソンの死を悼む社会の空気がノイノイを大統領に押し上げたからだ。

日下は、ドゥテルテ派が席巻した一九年の中間選挙の結果について「「ピープル・パワー物語」の敗北」として以下のように論評した。[10]

「ピープル・パワー物語」とは「マルコス独裁体制による抑圧、一九八三年のベニグノ・アキノ元上院議員の暗殺、そして八六年の一般民衆の蜂起による民主化という経験を経て、自由民主主義の価値に基づいて国民国家を発展させていこうとする「物語」」であり、政変後の「政治を支えてきた支配的な道徳言説」だとしたうえで「物語の正統性の中で自らを「主流派」と位置付けることで、民主化後に主導権を握ってきたのは、アキノ家やロハス家といった伝統的エリートと、マニラのエリート大学を出た知識人や専門職の中間層たちである。彼らをつないだのは、マルコス独裁政権に対抗する民主化闘争だ」としながら、中間選挙の結果は「単にドゥテルテ派が圧勝したというだけでなく、ピープル・パワーの物語において「悪しき政治家」として追放されたマルコス家の復活が顕著」であり、政変後のフィリピン政治における「大きな権力構造の転換」と評価した。

言葉を換えれば、夫が暗殺されて殉教者となった後、苦しみの中から妻が聖母のように現れ、悪の一家を退治して民主化が復活するという、フィリピンのカトリシズムに裏打ちされた「祈りの力と神の恩寵によって完結する「奇跡の革命」物語[11]」と清水展が表現したのとは、まったく異なるストーリーが新たに語られるようになったということだ。

それは、民主的な手続きを経ないまま反乱軍と群衆によって理不尽に国外追放された一家が、祖国に舞い戻り、幾多の試練の末、再び民主的な手続きで復活を果たした。そんな物語だ。

忌避される「黄色」

「ピープルパワー」のシンボルカラーは黄色だった。大統領選に立候補したコラソンがキャンペーン中、ずっと黄色い服で通したからだ。これはアメリカのポップグループ、ドーンが歌った「幸せの黄色いリボン」に由来している。刑務所を出所した男が出所前に妻に手紙を出して「もし帰郷を歓迎してくれるなら樫の木に黄色いリボンを結んでおいてほしい」と頼んだという逸話を歌ったものだが、ニノイが八三年に帰国した際、支持者らが「ずっと待っていた」という証で黄色いリボンを付けて出迎えようとした。この色をコラソンが選挙で使って以来、民主化や「革命」を表す色とされるようになった。

黄色はフィリピン語で「ディラウ」という。いまドゥテルテやボンボンの支持者らは、エリート層、リベラル派、ロブレド支持者らに「ディラワン」(黄色い奴ら)というレッテルを貼り、蔑称として使っている。米国でトランプ支持者が使う「WOKE」(意識高い系、ポリコレ主義者)と似た語感である。

ロブレドはノイノイに説得され、殉職した夫(ジェシー)の意思を継いで政界に入った。強権のドゥテルテと政権内で闘い、ノイノイが亡くなった数カ月後、リベラル派に担ぎ出されて大統領選に臨んだ。「殉教者」ニノイの未亡人コラソンが立ち上がった八六年の政変や、コラソンへの郷愁がよみがえるなかで争われた二〇一〇年の大統領選とのアナロジーを強く感じる展開だったが、「ピープルパワー物語」の神通力はまったく失われていた。ロブレド陣営がキャンペーンカラーで黄色を避けてピンクを選んだことが象徴的だった。

民間調査機関「ソーシャル・ウェザー・ステーションズ」(SWS)は二三年二月二三日、エドサ革命三七周年に合わせて前年一二月実施の調査結果を発表した。「エドサ・ピープルパワー革命の精神は生きているか」との問いに、六二％は「生きている」と答え、三七％は「生きていない」と回答した。「エドサを記憶することはいまだに重要か」には五七％が「重要」、四三％が「重要でない」と答えた。一方で、「エドサ・ピープルパワー革命の約束は果たされたか」という問いには「ほぼすべて」が五％、「だいたい」が一九％だったのに対して、「ほんの少し」が四七％、「ほとんど果たされていない」が二八％だった。

第8章　歴史修正と政権交代の意味

「マルコス独裁」を消す指導要領の変更

二〇二一年のノーベル平和賞を受賞した後、マリア・レッサは講演などで「選挙は未来だけではなく、過去も決める」と繰り返した。二二年のフィリピン大統領選で、ボンボンの当選が決まると、「事実は負けた。歴史は負けた。マルコスが勝った」と評した。[1]

選挙中、マルコス陣営の支援者らがＳＮＳを通じてシニアの時代を賛美し、人権侵害や腐敗などなかったとする言説を振りまいたが、ボンボンが大統領に就任すると、これにお墨付きを与える動きが政府周辺から徐々に出てきた。

フィリピン教育省カリキュラム開発局は二三年九月六日、小学六年生の社会科の指導要領で、これまで「マルコス独裁」とされていた項目から「マルコス」を削り、単に「独裁」とする方針を示した。野党議員やメディアは歴史修正の第一歩だと批判したが、ジョセリン・アンダヤ・カリキュラム開発局長は「政治家ではなく、テーマに合わせてカリキュラムを調整している」として、指摘はあたらないとの考えを示したうえで、「上層部からの圧力は一切なかった」と強調した。[2] 政治介入を敢えて否定した背景には、ボンボンの以下の発言があったとみられる。

選挙中、討論会や批判的メディアの取材を避けてきたボンボンだが、大統領就任二カ月半後の二二年九月一三日、ＡＢＳ-ＣＢＮの電波帯を継いだ富豪ビリヤール所有のテレビ局ＡＬＬＴＶに出演し、長時間のインタビューに答えた。選挙中から支持を明らかにし、就任式で国歌を斉唱した女優で歌手のトニー・ゴンザガの番組だ。[3]

シニアの独裁を象徴するキーワードである戒厳令について、ゴンザガが「マルコス家が権力にとどまるために布告されたと学校で教えられた」と水を向けると、ボンボンは「当時は新人民軍（ＮＰＡ）とイスラム教徒反政府勢力、モロ民族解放戦線（ＭＮＬＦ）との内戦を抱えており、国家防衛のために必要だった」と釈明した。そうしたマルコス陣営の主張が主要メディアなどに受け入れられてこなかった理由について「勝者が歴史を書くからだ」とし、「事実に反しているものは修正すべきだ」と教科書の書き換えに言及していた。「映像、写真、その他の記録は残っており、われわれの認識の正しさは証明できる。解釈でなく、事実に即して再検討されなければならない」などと話した。

選挙中からボンボン支持派は戒厳令にまつわる負のイメージの払拭を意図する偽情報を大量に流した。地元のファクトチェック団体Tsek.phがメタ社のモニタリングシステムCrowdTangleを使って調べたところ、選挙戦開始から二二年二月二五日までに最も閲覧された投稿は、戒厳令下で政権を批判して逮捕された人はいないというエンリレの発言で、ボンボンのFBに掲載されていた。ファクトチェックで「虚偽」と判定されたが、インタラクションは九万五八二四件あり、閲覧は八七七〇万三九八〇件に上った。

エンリレは戒厳令とは切っても切れない人物だ。国防相だった一九七二年九月二二日夜、帰宅途中に銃撃されたものの命を取り留めたとされる事件を受けて、シニアが翌日、戒厳令施行を発表した経緯については第2章で紹介した。

エンリレは上院議員時代に優先開発補助金（通称ポークバレル）を不正流用したとして一四年に略奪罪で逮捕、起訴されたが、高齢を理由に翌年釈放された。ボンボンは政権に就くと、九七歳のエンリレを主席法律顧問に任命した。戒厳令布告五〇年にあたる二二年九月二一日に開かれた上院の公聴会に出席したエンリレは、戒厳令布告は大統領の専権とすべきで、議会を関与させるべきではないと述べた。政変の翌年の八七年に制定された現行憲法では、大統領は反乱や暴動があった場合に戒厳令を布告できるが、四八時間以内に国会に報告する必要があり、議員の過半数が反対すれば、布告が取り消される。独裁を防ぐ規定だが、エンリレは憲法の破棄を主張している。五〇年を振り返る報道も当時相次いだが、SNSでは弾圧や被害者の存在、アムネスティ・インターナショナルの調査結果などを否定する投稿が相次いだ。

戒厳令に対するボンボンの考えは、二〇二四年三月四日に訪問先のオーストラリアで受けた地元公共放送ABCのインタビューでより鮮明になった。多くの犠牲が出たことについて「当時は戦争だった。戦争には死と破壊がつきものだが、政府が宣言した戦争ではない。政府に対して宣言されたものだ」として武装闘争を展開していた勢力を批判した。一家の歴史について問われると、「マルコスの名が問題だった時期がかつてあった。だが今はそうではない。私の当選が何よりの証拠だ」と主張した。[4]

巨額相続税の滞納

ゴンザガとのインタビューでボンボンはもう一点、看過できない発言をしている。二〇三〇億ペソにのぼる相続税を支払っていない問題だ。日本円にすると優に五千億円を超える。一九九七年に最高裁で確定し、一九九九年に最高裁が判決を再び確認している。大統領選挙中から内外のメディアがたびたび報じてきた問題だが、本人は沈黙を守り、弁護士は「法的に最終決着はしていない」と弁明してきた。

ゴンザガに水を向けられたボンボンは「相続税の支払いが提起されたとき、われわれはハワイのヒッカム空軍基地内に拘禁されており抗弁の機会は与えられなかった。われわれはいまフィリピンに住んでいる。裁判を開き、一九八七～八九年にできなかった主張をさせてほしい」と訴えた。だが事実としては、マルコス家がヒッカム基地にいたのは五カ月ほどで、すぐに支援者の豪邸に移っていた。そもそも税務当局が相続税額を発表したのは九一年七月。同九月以来、再々にわたってボンボン側に通知している。この年、ボンボンはすでにフィリピンに帰国している。九三年六月になってようやくボンボン側は関連不動産差し押さえの仮差し止めを求めて裁判を起こすが、棄却され、上級審でも認められず、最高裁で九九年三月に最終的に確定した。つまりマルコス家は彼らの主張を裁判などで十分に展開してきたのだ。当時、イメルダ、ボンボン、アイミーらはすでに下院議員や知事という要職にあり、「抗弁の機会が与えられなかった」などというのは噴飯ものの主張といえる。

大統領選の最中にメディアが滞納問題を報じると、ドゥテルテは歳入庁（国税庁）に「注意を促した」とされる。なぜ放置されているのか。大統領報道官は記者会見で「これは今に始まった話ではない。現政権だけのせいではない」と肩をすくめた。その通りなのだ。なぜ歴代政権が放置していたのか、よくわからない。そのなかにはマルコス家の「政敵」であるアキノ親子もいた。その間、マルコス家は数々の選挙で派手なキャンペーンを展開してきた。学者や官僚、ジャーナリストに「なぜ」と聞いても、みな肩をすくめるばかりだ。麻薬の巣窟とされる刑務所をなぜ浄化しないのかという疑問と同様、政府の不作為はときに外国人の理解を超える。

金持ちがそれに見合った税金を払っていない、というのはこの国の国民一般の認識のようにみえる。「不処罰の文化」に通じる「税金未納の文化」といえるかもしれない。巨額の税金の支払いを長年拒んできた人物が、徴税や税収の配分を仕切る行政の長に納まることに国民はさしたる抵抗を感じないからこその大統領選の圧勝だった。

消えた祝日・革命記念日

フィリピン政府は二三年一〇月一三日、翌二四年の祝祭日を発表した。クリスマスや春節、イスラム教の犠牲祭などが例年通り告知されたなかで、一日だけ除外された日がある。二月二五日の「エドサ革命記念日」だ。「ピープルパワー記念日」とも呼ばれる。八六年の政変でマルコス家がマラカニアン宮殿から追放された日だ。

この日を祝日から外した理由について大統領府は、二四年は日曜日にあたるからと説明した。フィリピンには振替休日の制度がないため社会経済的な影響が小さい、つまり国民が連休を楽しめないとの趣旨だが、詭弁であることは明らかだ。歴代大統領は日曜と重なっても祝日に指定してきたし、二四年は日曜にあたる一二月八日の聖母マリアの日が祝日のままだ。

マルコス家にとっては黒歴史の日を祝いたくない心情は、ボンボンが大統領になって初めての「革命記念日」にすでに表れていた。大統領府は前々日の二三年二月二三日夕方になって突然、祝日を二四日に一日前倒しすると宣言した。二五日は土曜日なので連休を増やすためとの理由だったが、発表が急だったため教育現場や職場は混乱した。当の二五日、ボンボンは、政変の舞台となったエドサ通りで催される恒例の式典には姿をみせず、地元の北イロコス州で過ごした。代わりに声明を出した。

「国民を分断した歴史を振り返る時、国家としていかに団結して強くなったかを国民とともに私は記憶している。進歩と平和、全国民により良い生活を提供する社会を築くため、政治的立場の異なる人々にも和解の手を差し伸べたい」。これに対して、「革命」の主役だったアキノ家は「マルコス独裁政権と戦い、民主主義を回復したフィリピン人の精神は今も生きている。われわれの権利や自由を貶めようとする勢力との対決は続く」との声明を出した。

ボンボンは政変を「分断の歴史」と評したのに対し、アキノ家は、民主主義を勝ち取った精神は今も生きるとしたうえで、マルコス陣営を暗に「われわれの権利や自由を貶めようとする勢力」と規定したとみられる。「ピープルパワー神話」の崩壊により、二月二五日をめぐる価値観の対立は深まっている。現に権力にある側が「和解の手を差し伸べる」との言は良しだが、問題は美辞麗句に終わらせないかどうかだ。

ニノイ・アキノ暗殺も書き換えの対象に

祝日でいえば、もうひとつフィリピンの現代史にからむ重要な日がある。八月二一日の「ニノイ・アキノ・デー」。八三年のこの日、米国から帰国したニノイがマニラ国際空港で暗殺された。事件をきっかけに反マルコス運動が広がり、八六年の政変につながる起点となった日だ。二四年も八月二一日は祝日のままだ。「革命記念日」は毎年大統領令で祝日になっていたが、「ニノイ・アキノ・デー」は法律で定められた祝日であり、議決を経ずには変更ができないからだろう。アキノ一派への嫌悪を隠さなかったドゥテルテを含め、歴代大統領はこの日にニノイを称えるメッセージを出していたが、ボンボンは就任した二二年、沈黙を守った。その傍ら、マルコス支持派からは「ニノイは英雄ではない」「NPAのゲリラだった」などとする投稿がSNSにあふれた。地元メディアによると、バタンガス警察、ケソン海上警察、サマール州スタマルガリータ警察などはツイッター(現X)に「共産主義テロリスト」とニノイを名指しする投稿をした。警察本部の指示で間もなく削除されたが、関係者が処分されることもなかった。

ニノイ・アキノ国際空港は、政変後の八七年、コラソン・アキノ政権下でマニラ国際空港から改称された。ところが現政権が誕生した当日の二二年六月三〇日、与党の下院議員が「フェルディナンド・マルコス国際空港」に改称する法案を提出した。「完成させ、遺産として遺した人物の名前の方がふさわしい」との提案理由だが、空港そのものはシニアが政権に就く前に完成し、国際線も飛んでいた。シニアの政権時に完成したのは第一ターミナルビルだけだ。道路や公共施設の名称が政治家の都合で頻繁に変わるフィリピンでは、「ニノイ」の名がいつまで維持されるかは見通せない。

前章で紹介した映画『メイド・イン・マラカニアン』に続いて二三年二月、ニノイ暗殺事件にからむ現代史をマルコス家の視点で描いた『殉教者か殺人者か』が全国で上映された。監督は同じダリル・ヤップ、プロデューサーのアイミーがここでも主役だ。両映画とも史実になかったり、根拠が不明だったりする場面が随所に織り込まれている。例えば前者では、コラソン・アキノが政変時の緊迫した状況にもかかわらず、セブ島の修道院で尼僧らと麻雀に興じながら、マルコス家の国外追放を電話で指示するシーン。後者にはニノイがボンボンの母であるイメルダに思いを寄せていたものの、イメルダがシニアを結婚相手に選んだとの筋書きや、ニノイ暗殺がアキノ家周辺の仕業であるとにおわせる描写がある。マルコス家を被害者として描く一方で、アキノ家を貶める意図は明らかだ。

マルコス派の首長が職員や市民に無料でチケットを配ったり、企業や商工会が大量購入して学校にばらまいたりしたこともあり、多くの劇場で公開されたが、リベラルな学会やメディアからは歴史改竄との批判が相次いだ。アイミーは「歴史を修正するつもりはない、歴史で語られなかった事実、私たちの家族のみが知る事実を映画化したのだ」と反論した。

一家の名誉回復がミッション

現代史書き換えの試みは、父の時代に遡るとは限らない。

二三年六月一日、マラカニアン宮殿(大統領府)敷地内の古いビルを改装し、新たなミュージアム「バハイ・ウグナヤン(コミュニケーションの館)」が開館した。主導したのは大統領夫人のリサ・マルコスだ。「マラカニアンへの道」と題した展示で、ボンボンの選挙キャンペーンを中心に、父の時代から一家追放、帰国を経て知事選、上下院選に出馬し、大統領になるまでの足取りをたどっている。大統領選で使ったピックアップトラックやバナーの類、サラと共闘する写真パネルが飾り付けられ、選挙時のTシャツなどが販売されている。

マルコス支持者が喜ぶ展示のなかで目を引くのは、一六年の副大統領選にまつわる連続パネルだ。ボンボンは対抗馬のロブレドに二六万票差で敗れた。ところが展示は「異常」と題して選挙不正があったとする記述が並んでいる。ボンボンはこの副大統領選を「史上最悪の不正選挙」と非難し、選挙結果への異議を申し立てた。マルコス陣営が指定した三州で再集計も行われたが、最高裁判事からなる特別法廷は一五人の全会一致でボンボンの訴えを棄却した。

シニアを顕彰する施設が出身地の北イロコス州にいくつもあることはすでに書いた。財団などの形で運営されているそれらの施設と違って、「バハイ・ウグナヤン」は政府の資金で設置、運営されている。公金を使った施設で、司法によって否定された選挙不正を現職の大統領側が言い募るさまは異様だが、訪問者から疑問の声は聞こえてこない。支持者以外が訪れることはまれだからだろう。

ボンボンは大統領選以来、「UNITY（団結）」を掲げ、「分断は避けるべきだ」と繰り返している。外交などでも「敵はいない」とソフトに語りかける。革命記念日の祝日外しや指導要領の変更、映画製作で前面に立つのは役所や関係者であって大統領本人ではない。指示なのか、忖度なのか、黙認なのか、ボンボン自身の関与の具合は不明だ。

イメルダは、二〇一九年に公開されたドキュメンタリー映画『ザ・キングメーカー』のなかで、ボンボンの大統領就任は「運命だ」と語っている。その三年後、「運命」は現実になった。母から息子に託されたミッションは「一家の名誉回復」である。マラカニアン宮殿への凱旋を果たしたいま、政府機関やメディア、SNSなどを通じて不都合な過去を消し去り、一家のイメージを美化する試みが一歩ずつ着実に前進している。

ボンボンの任期中、相続税が支払われたり、汚職の罪でイメルダが収監されたりすることを信じる人はフィリピンにいない。

親中路線から親米への転換

ボンボン政権はもちろん歴史修正ばかりにうつつを抜かしているわけではない。名誉回復はむしろ目立たぬように一歩ずつ進めている印象だ。世間の関心もインフレ対策などの経済政策に集まり、他国の視線は外交・安全保障政策に注がれている。ドゥテルテ政権の継承を訴えて当選したボンボンだが、前政権から劇的に政策転換した分野だ。米国を毛嫌いし、中国やロシアへのシンパシーを隠さなかったドゥテルテの外交路線を、それ以前のほとんどの政権が踏襲した親米へと転換した。

二三年五月一日、ボンボンは米国ワシントンのホワイトハウスの大統領執務室で部屋の主であるバイデンと向き合った。フィリピンの大統領がホワイトハウスを訪ねるのは一一年ぶりだ。バイデンが「南シナ海を含め、フィリピン防衛に対するアメリカの関与は鉄壁だ」と話しかけると、ボンボンは「フィリピンは現在、おそらく世界で最も複雑な地政学的状況に置かれている」としたうえで、「こうした状況下で、フィリピンが唯一防衛条約を結ぶ国に目を向けるのは自然なことだ。南シナ海・アジア太平洋で高まる緊張に直面するなか、両国関係を強化し、再定義したい」と答えた。会談後に発表された共同声明では、中国などと領有権争いを抱える南シナ海でフィリピン軍の艦船や航空機が武力攻撃されれば、一九五一年に締結された米比相互防衛条約(MDT)が発動されると明確に記された。さらに台湾海峡問題の重要性を指摘したうえで、二二年二月以来、ロシアの侵略が続くウクライナの主権、独立を支持するとの米国の主張に寄り添う文言が盛り込まれた。

この訪米で、米比両国は「相互防衛の指針」（米比ガイドライン）に署名した。加えてノイノイ政権下の一四年に締結された防衛協力強化協定（ＥＤＣＡ）に基づき、米軍が使用できるフィリピンの基地をこれまでの五カ所から九カ所に増やした。うち三カ所はルソン島北部に集中していた。台湾最南端までの距離は約三五〇キロメートル。沖縄・那覇からの距離の半分以下だ。台湾有事に備えた選定であることは明らかだった。

日本をはじめ世界のメディアは大統領就任前のボンボンについて「親中路線をとる」と予測していた。南シナ海の領有権をめぐる中国の主張を「国際法違反」とした一六年のハーグの常設仲裁裁判所の裁定について、大統領選中の二二年一月二五日、「片方の当事者しか参加しない以上、裁定は仲裁の意味をなさない。役に立たない。二国間協議しか道はない」とテレビ番組で発言していたからだ。[6] 一九七四年に母イメルダと北京を訪れ、国家主席毛沢東と会談した経験や地元北イロコスの州都ラワグに州知事時代の〇七年、中国領事館を誘致していた経緯から、中国への思い入れは強いとみられていた。

ところが大統領就任後の訪米以来、南シナ海で中国の船舶によるいやがらせがあるたびにハーグ裁定を持ち出して中国を非難するようになった。裁定に関して大統領就任前の態度を一変させたといってよい。さらに「中国がフィリピンの領域を一方的に自国領と言っているに過ぎない」「領土は一平方インチたりとも渡さない」などと強気の発言が目立つようになった。

予想外の外交路線は、米国や日本を含むG7各国を喜ばせただけではなく、国民からも支持されている。パルスアジアが南シナ海問題をめぐって実施した二三年六月の調査では、友好国と同盟関係を結ぶことを支持する回答は八〇%に上り、反対はわずか三%だった。問題解決に向けて政権が取り組むべき施策について聞くと、「軍事力の強化」七二%、「同盟国との合同海上警備や軍事演習」六四%、「外的脅威から国を守る能力の強化」六一%だったのに対して、中国が力を入れるASEANの「行動規範」策定の支持は三七%と最下位だった。

ドゥテルテ政権で国民に最も支持されなかった政策は中国寄りの外交だったことを考えれば、柔軟な政策転換といえるが、ドゥテルテ離れは他の分野にも及んでいる。

政権交代による変化

二三年に入り、レッサとラップラーは、脱税裁判で相次いで無罪判決を得た。同年七月、レッサは、政権交代によって「恐怖は少し和らいだ。有罪なら最大懲役三四年だった。現場やサイバー空間でも政権からの圧力は弱まっている。ラップラーの記者はいま大統領府でも取材し、大統領外遊に同行もできる。前政権ではすべて排除されていた」と私のインタビューに答えた。

ボンボン政権の評価を聞くと、「父の汚名をそそごうとする息子の政権という印象だ。大統領選ではＳＮＳの力で、世間の鼻つまみ者から最高の指導者へとイメージチェンジを成功させたが、中国寄りだった前大統領の路線を変更し、地政学的なバランスを取り戻した。それ以外はまだ何も成し遂げていないが、前任者と違い、世界の目を気にしているようにはみえる」と辛口ながら、変化については認めていた。

欧州連合（ＥＵ）は二四年から四年間、一般特恵関税優遇制度（ＧＳＰ＋）をフィリピンに適用することを決めた。ＧＳＰ＋は、途上国の中でも持続可能な開発や人権保障関連の国際条約を批准している国に与えられ、フィリピンの関税免除対象は六二七四品目に及ぶ。二三年末が前回適用の期限だったが、欧州議会はドゥテルテ政権下の超法規的殺人や、ラップラーへの弾圧、デリマの逮捕などに対する非難決議を採択し、欧州委員会に取り消しを求めていた。「独裁者の息子」が大統領に就任することへの危惧も表明していた。これに対してボンボンは二二年の国連演説で「人権問題に高い水準の説明責任を果たす」と宣言。同年一一月の訪欧では、ＧＳＰ＋の適用条件となる人権・労働基本権に関する二七の条約の順守を表明するなど、人権問題の改善をアピールしてきた。レッサが指摘するように「世界の目」を気にしていることは明らかだ。

マニラ首都圏モンテンルパ市地裁は二三年一一月一三日、デリマの保釈を認める決定をした。

前政権下の人権弾圧の象徴とみられた人物が六年半にわたる拘束から解かれたことに対して、欧米の大使館は一斉に歓迎の声明を出した。デリマの三件の裁判のうち二件はすでに無罪判決が出ていた。同地裁は二四年六月二四日、三件目についても無罪判決を言い渡した。ドゥテルテ政権下の訴追は完全に濡れ衣だったことになる。

フィリピンの司法はこれまで見てきた通り、行政府から完全に独立しているとは言い難い。時の政権の影響はあちこちにみられる。デリマの事件に関してボンボンは「干渉しない」と発言してきた。[7] レッサやラップラーとの争いも前政権のことであり、今の政権には関係がないというスタンスだろう。ドゥテルテ時代なら裁判所の判断は異なっていたのではないか。

蜜月の終わり

「UNITY」を唱えたマルコス派とドゥテルテ派の結束は、思ったほど盤石ではなかった。以前から見えていたほころびがはっきりした亀裂となって現れたのは二四年一月二八日だった。ドゥテルテは地元ダバオで開かれた「護憲集会」に登壇し、ボンボンに向けて「このまま(憲法改正に)突き進むなら、親父と同じ運命をたどることになる」と警告した。「ピープルパワー」でシニアの政権が崩壊し、ボンボンを含むマルコス家が米国へ追放された政変になぞらえた発言だ。さらに「おまえは麻薬中毒だ。大統領になる前もいまも」と罵った。ボンボンがコカインを使用し、大統領府麻薬取締局（PEDA）の監視リストに掲載されていたとも述べた[8]（PEDAは直後にボンボンがリストに掲載されたことは過去も現在もないと発表した）。

二三年後半から憲法改正をめぐる動きが加速していた。現憲法は厳しい外資規制を定めており、外国企業誘致の障害になっているとして、これまでもたびたび改憲が俎上に上ってきた。しかし大統領や議員の任期延長などが同時に盛り込まれて独裁復活の引き金になるのではないかと反対する声がそのたびに持ち上がり、手が付けられたことはなかった。

今回はボンボンのいとこで最側近であるロムアルデスが議長を務める下院が主導する形で議論が進んでいる。ボンボンは就任以来、改憲には慎重な態度を示してきたが、二四年一月二三日のテレビ番組で「現憲法はグローバル化を想定しておらず、外資を呼び込むためには調整の必要がある」と一転して前向きな姿勢を示した[9]。これに対してドゥテルテ陣営や護憲派は、改憲の真の狙いは、経済条項に限らず政治体制を変えて、マルコス派の長期支配を狙ったものだと一斉に反発の声を上げた。

ドゥテルテ陣営の不満は、改憲の動きにとどまらない。むしろ改憲阻止は現政権を批判するネタに過ぎないようにも見えた。ドゥテルテ政権も連邦制を掲げて憲法改正を試みていたからだ。陣営の本音は、ドゥテルテ発言の数時間前に同じダバオで開かれたフォーラムに登壇したダバオ市長セバスチャン・ドゥテルテの演説に凝縮されていた。前大統領の次男である。

セバスチャンは、シニアの遺体を英雄墓地に埋葬するというマルコス家の長年の悲願を父がかなえたにもかかわらず、現政権はその父を牢獄に入れたがっていると憤った。さらに政権交代後、麻薬汚染が再び蔓延していると不満をぶちまけ、「大統領、あなたは怠惰で国民への思いやりに欠けている。国を愛せないなら辞任すべきだ」と言い放った。[10]

ボンボンは同じ一月二八日、マニラの中心部で「Bagong Philipinas（新しいフィリピン）」運動の開始式典を催し、政府機関を動員して四〇万人を集めていた。シニアが展開した「新社会(Bagong Lipunan)」を模した政府の取り組みで、公文書に運動のロゴの掲載を命じたり、政府機関や学校の国旗掲揚式でテーマ曲を歌うことを義務付けたりしている。ダバオの護憲集会はこれに対抗する意味が込められていた。ボンボンはドゥテルテの発言の翌一月二九日、取材陣に「前大統領はフェンタニルを使用している。言動はその影響だろう。主治医がきちんとケアすることを願う」と答えた。フェンタニルは重篤な副作用のある鎮痛剤で米国では乱用が社会問題化している。ドゥテルテは過去にバイク事故を起こした後に使用していると認めていた。いずれにせよ前職と現職の大統領がお互いを「薬物中毒」と非難しあう異常な事態となった。

ドゥテルテは一月三〇日、記者会見を開き、ミンダナオの分離独立を求めて署名運動を始めると宣言した。これに対し国家安全保障担当大統領顧問のエドアルド・アニョが「国を分断する試みを鎮圧するため、政府は権力と武力の行使をいとわない」との声明を出したほか、[11]国防省や軍が相次いでドゥテルテの「反乱」を阻止する意向を表明する騒ぎとなった。

ボンボンの変節に不満を募らすドゥテルテ陣営

なぜ不協和音が高まったのか。ドゥテルテ側からすればボンボンの変節がゆえだ。裏切りと受け止めているのだろう。「ドゥテルテ政権の継承」を掲げ、サラが譲ったからこそ大統領の座にたどり着いたボンボンは、ドゥテルテ陣営に配慮しながら政権運営を進めるとみられていた。ところがふたを開けると、さまざまな分野で前政権の政策を覆した。外交・安保政策、サラの機密費、デリマやラップラーへの対応……。経緯はともあれ、いったん権力を握った側は強い。主導権はボンボンに移り、遠慮は消えていった。

亀裂が初めて公となったのは選挙一年後の二三年五月だった。下院の上級副議長だった元大統領アロヨが一般の副議長に降格された。アロヨは、議長のロムアルデスを追い落とす院内クーデターを企てたことが露見し返り討ちに遭ったとの見方が広がるなか、アロヨと親しいサラは所属政党LAKAS-CMDを離党した。同党のトップはロムアルデス。アロヨの処遇に反発しての離党だった。ロムアルデスはロムアルデスはサラに対抗して次期大統領の座を狙っているとされ、反ドゥテルテ陣営の旗頭だ。ボンボン自身はサラやアロヨらとあからさまに敵対する姿を見せていないが、サラよりロムアルデスとの連携に重きを置き、政権運営の中軸に据えている。

自らが参加する政権への表立った批判は避けていたサラだが、政府が二三年一一月二八日、フィリピン共産党（ＣＰＰ）の統一戦線組織、民族民主戦線（ＮＤＦ）と和平交渉を再開すると決めたことで、怒りが爆発した。「大統領、これは悪魔の合意だ」との公式声明を出した。[12] 和平交渉は父が一七年一一月に打ち切っていた。それでもボンボンは意に介す様子はない。

次の選挙へ向けての暗闘

国際刑事裁判所（ＩＣＣ）をめぐるボンボン側の対応にドゥテルテ陣営の堪忍袋の緒が切れた。ＩＣＣはドゥテルテやデラロサらが「大量虐殺」に関与した疑いをもち、逮捕状の発布も検討中とされる。

ドゥテルテ政権は捜査に反発し、ＩＣＣを一九年に正式に脱退したが、ボンボンは二三年一一月、再加入を「検討する」と発言したのだ。さらにＩＣＣの捜査員が入国したとの真偽不明の情報が飛び交った二四年一月二三日、「国内捜査は主権侵害となる」として協力しないと話したものの、捜査員の入国自体に関しては「一般人としてフィリピンを訪れることは可能だ」との見解を示した。デラロサが記者会見し、ボンボンから二週間前にＩＣＣの捜査員は入国させないと伝えられたとしたうえで、「男らしく本当のことを言ってくれ。私たちを収監させたいと思っているなら直接言うべきだ」と訴えた。

大統領選でサラが候補の座をボンボンに譲った裏にはＩＣＣへの非協力が暗黙の合意だったとみられ、ボンボンはＩＣＣの国内捜査には協力しないとの姿勢は崩していない。

　それでも麻薬戦争に対し、現政権は明らかに姿勢を変化させている。ボンボンは訪米の際、ワシントンの戦略国際問題研究所（ＣＳＩＳ）での講演後の質疑応答で、前政権の違法薬物対策について「取り締まりに非常に重点を置いていた」との認識を示し、今後は「薬物依存者の再教育と麻薬組織の解体をめざす」と述べた。[13] そのうえでドゥテルテ政権の一部で「人権状況に疑念を持たれる虐待が行われていた」と認めた。司法相ヘスス・レムリヤも二四年一月、共同通信の取材に対し、麻薬戦争について「摘発のノルマを割り当てられた警察が証拠をでっち上げ、多くの無実の人が逮捕された」と批判し、「過ち」と断じた。

　ボンボン・ロムアルデス陣営はＩＣＣ捜査をドゥテルテ陣営牽制のカードとしているのではないかという疑心暗鬼がドゥテルテ側でくすぶる。セバスチャンの「父を牢獄に入れたがっている」という発言とあわせ、ドゥテルテ陣営がＩＣＣの捜査の行方と現政権の対応に神経をとがらせていることは間違いない。

　サラは二四年六月一九日、兼任していた教育相と「共産主義勢力との武力紛争を終わらせる国家タスクフォース」（ＮＴＦ-ＥＬＣＡＣ）の共同議長のポストを辞任すると発表した。理由は説明していないが、ドゥテルテ陣営に対するマルコス派の一連の処遇に対する不満であることは明らかだった。メディアはこぞって「UNITEAM」の崩壊と伝えた。

暗闘は続く。ドゥテルテ陣営が軍の一部との共闘を画策しているとの情報も流れるが、焦点はやはり二五年の中間選挙、そして二八年の大統領選挙における有権者の判断だろう。

サラは後六月二五日、前大統領のドゥテルテ、その長男で下院議員のパオロ、次男でダバオ市長のセバスチャンの三人がそろって二五年の上院選に立候補すると発表した。前大統領はその後出馬を否定したものの、ドゥテルテ側近の上院議員ボン・ゴーやデラロサも有力候補と見られており、反マルコス勢力が上院で大きな勢力となることが予想される。

権威主義に傾きつつある国であっても選挙、そして政権交代は、民主主義にとって重要な意味を持つ。「選挙を伴う権威主義」に分類されるフィリピンで、ボンボンのドゥテルテ離れは選挙の意義を示す好例である。この分類については次章で紹介する。

第9章　東南アジアで広がる権威主義と民主主義の衰退

民主主義から権威主義までのグラデーション

世界各国の政治体制を大きく分類すれば、民主主義と権威主義に分けられる。二〇一〇年代以降、世界各地で民主主義の後退と権威主義の伸長が指摘されるようになった。

スウェーデンの独立調査機関Ｖ－Ｄｅｍ(Varies of Democracy)研究所の「民主主義報告書２０２４」は、世界の平均的な市民が享受している民主主義の水準は二〇二三年に一九八五年の水準まで低下したと指摘した。フィリピン政変の前年まで後退したというのだ。

Ｖ－Ｄｅｍは各国の政治体制を、①自由民主主義 ②選挙による民主主義 ③選挙を伴う権威主義 ④閉鎖型権威主義 に四分類している。24年版からは ②の下位と ③の上位のそれぞれにグレーゾーンを設け、②マイナスと③プラスと表現している。選挙を伴っているものの民主主義と権威主義の間で微妙な位置にいるという定義だ。六分類になったともいえる。最も独裁的傾向の強い④閉鎖型権威主義の下で暮らすのは世界人口の二七%にあたる二二億人、③選挙を伴う権威主義国家は四四%、三五億人を占め、あわせて七一%、計五七億人が権威主義体制の下で暮らしていると分析した。他方、最も民主化の度合いが高い①自由民主主義の体制下で暮らす人は一三%、一〇億人に過ぎない。

それでは、そもそも権威主義とは何か。V-DemはAutocracyという言葉を使っており、独裁、あるいは専制と訳すことも可能だが、私は「権威主義」とする。V-Demはフィリピンを③の選挙を伴う権威主義(Electoral Autocracy)に分類するが、この場合の「選挙を伴う」独裁や「選挙を伴う」専制との訳ではしっくりこないからだ。

比較政治学者の川中豪《たけし》によれば、権威主義体制とは、民主主義ではない政治体制という消極的な定義が一般的だ。民主主義と権威主義という大きな分類があっても、その二つは分断された類型ではなく、連続的な程度の違いがあると理解されるという。

V-Demの分類の②と②マイナス、③と③プラスは、まさに民主主義と権威主義の間のグラデーションに位置する。フィリピンが位置する③選挙を伴う権威主義は、非自由主義的民主主義、競争的権威主義とも呼ばれる。この類型は、単に民主主義と権威主義の特徴が併存しているだけではない。民主主義の制度が権威主義的権力者の立場を支え、権威主義を強靭化させる効果を持っている。この民主主義の制度を利用した権威主義の維持は、洗練された権威主義の生き残り戦略であり、権力の維持にもっとも効果的とみられる。

川中によれば、ある政治体制が民主主義と分類されるためには、自由で公正な選挙のほかに、包括的な政治参加、市民的自由の保障の三つが満たされている必要があり、これらが欠けていれば権威主義に分類される。自由で公正な選挙、包括的な政治参加という点でフィリピンは八六年の政変以降、紆余曲折や程度の問題はあるとしても合格点を得ているだろう。しかし、ドゥテルテ政権ではV-Demのスコアは軒並み落ちている。なかでも市民的自由の度合いを示す「自由民主主義」のスコアの落ち込みが著しい。

川中は、二〇〇〇年代に入り世界的に進む民主主義の後退の代表的例として、ドゥテルテ政権を挙げ、「選挙で勝ったことに絶対的な正統性をおき、それに挑戦するメディアや司法を排除し、自分の権力行使に対する制約を外す」「扇動的な公約、強力な個性、情報技術の進展が合わさったことでこうした権力者が生まれ、結果として民主主義の後退が進んだ」と論じる。[1]

後退するアジア太平洋地域の民主主義

フィリピンから視線を近隣のアジア諸国、なかでも東南アジアに広げてみたい。①の自由民主主義、②の選挙による民主主義の該当はなく、インドネシアとマレーシアが②マイナスにランクされた。③の選挙を伴う権威主義がシンガポール、フィリピン、タイ、カンボジアで、④の閉鎖型権威主義とされるのはベトナム、ラオス、ミャンマーだ。ブルネイは調査対象になっていないが、選挙もない絶対王政に近い独裁国家である。

ここでアジア太平洋戦争後の東南アジアの民主化をめぐる状況を簡単に振り返ってみる。一九四五年の日本の敗戦と地域からの撤退が、アジア全体を力の真空地帯とした。インドネシアやベトナムなどでは独立をめぐり旧宗主国との紛争があった。植民地支配から独立を勝ち取った国々も朝鮮戦争を皮切りに一九五〇年代には東西冷戦に巻き込まれた。インドシナ戦争をはじめとする戦乱が七〇年代まで続く間に、シンガポール、フィリピン、インドネシア、マレーシア、タイでは韓国、台湾など東アジアの国ともども開発独裁の時代が続いた。

転機となったのが、七五年のインドシナ戦争の終結と並んで八六年のフィリピンの政変だった。アジアでは韓国、台湾へと民主化運動が広がった。八八年にはミャンマー(ビルマ)で学生蜂起があり、タイでは一二年ぶりの民選首相チャートチャイが「インドシナを戦場から市場へ」と呼びかけた。一党独裁のベトナムでさえ八六年に「ドイモイ(刷新)」政策を、ラオスでは「チンタナカーン・マイ(新思考)」政策を始め、改革開放に踏み出した。九〇年代には、日本が初めて国連平和維持活動(PKO)に参加したカンボジアでも和平が実現した。

八五年、主要五カ国の蔵相がドル高是正で協調したプラザ合意後、日本の投資がアジアで急増したことをきっかけに、九〇年代は「東アジアの奇跡」と呼ばれる経済成長の時代を迎えた。ところがアジア全体を覆ったバブルが九七年に弾け、タイにはじまるアジア通貨危機が発生した。経済的な混乱を引き金に、インドネシアに三〇年余り君臨したスハルト独裁体制が崩壊した。これで開発独裁の時代は終焉を迎えた。

インドシナ戦争を背景に六七年、反共の砦として結成されたＡＳＥＡＮは九〇年代後半、かつて自由主義陣営の敵だったベトナム、ラオス、カンボジアと軍事政権のミャンマーを取り込んで一〇カ国体制に拡大した。加盟各国の経済発展に加え、ＡＳＥＡＮ地域フォーラム（ＡＲＦ）や東アジア首脳会議などを主宰することで域外でも存在感を高めていった。

八九年の冷戦終結とそれに続くソ連崩壊で共産主義ブロックが崩れ、世界全体が民主主義と自由主義経済の時代に入った。フクヤマは、自由民主主義体制こそが最終的な勝利の形態であるとして「歴史の終わり」を唱えた。[2] 東南アジアでも二〇世紀中に民主化が一定程度の進展をみた。多少の前後はあっても二〇一一年のミャンマーの民政移管をもって、地域の民主化はひとつの到達点に達したとみられた。しかし、民主主義をめぐる状況は間もなく暗転する。

時計の針を巻き戻したミャンマーのクーデター

それではマルコス家が追放され、二〇二二年の大統領選でボンボンがマラカニアンに凱旋するまでの三六年間に、東南アジアの周辺国は民主主義と権威主義の間でどう揺れ動いたのか。

なんといっても独裁への転落があからさまだったのはミャンマーだ。二一年二月一日未明、国軍は大統領のウィンミン、国家顧問のアウンサンスーチーや国民民主連盟（NLD）の幹部らを一斉に拘束し、政権を掌握した。国軍総司令官ミンアウンフラインがトップに座り、その後、首相を名乗る。前年一一月に実施され、NLDが圧勝した総選挙で不正があったとクーデターの理由付けをした。国軍は抗議活動を続ける市民らを容赦なく弾圧した。人権団体「政治犯支援協会」（AAPP）によると、二四年七月までに五三〇〇人以上が軍に殺害された。国軍は近い将来総選挙を実施するとしているが、少数民族や民主派との戦闘は激化しており、NLDなどが参加するまともな選挙になるとは考えられない。民主化のアイコンであったスーチーはいくつもの罪状で有罪とされ、収監や軟禁が続き、健康状態が懸念されている。

フィリピンの政変時もミャンマーは軍事独裁政権下にあった。一九六二年にクーデターで実権を握ったネウィンが退陣するのは政変の二年後だ。学生を中心に民主化運動が高揚し、独裁政権を支えた「ビルマ社会主義計画党」が解散に追い込まれた。ところが国軍は八八年八月八日、学生らを武力弾圧し、改めて軍部独裁政権を樹立して八九年にスーチーを自宅軟禁した。

九〇年に実施した総選挙でNLDが圧勝すると、結果を受け入れず軍が独裁を続けた。スーチーがノーベル平和賞を受賞するのは翌九一年だ。

国軍は二〇〇七年九月、僧侶らを中心に反政府デモを再び弾圧し、翌〇八年に自らの権力関与を恒久化する憲法を制定した。一〇年に総選挙を実施し、NLDがボイコットするなか国軍の支持政党が圧勝した。首相から大統領に横滑りした国軍ナンバー4のテインセインは大方の予想を覆してスーチーを解放し、翌年、民政移管を果たした。

一五年、民政移管後初となる総選挙が実施され、NLDが勝利した。私はこの時、現地で取材したが、投票所に未明から列をなす有権者の姿に民主主義への国民の思いと、自分たちの代表を選ぶ喜び、気概を感じた。スーチーは外国人を配偶者に持つ者の大統領就任を拒む憲法の規定上、大統領になれなかったが、新設の国家顧問に就任し、外相を兼務して実権を握った。二〇年の選挙で再びNLDが圧勝したことに危機感を深めた国軍がクーデターで民意を粉砕し、最悪の形で時計の針を巻き戻した。

タイの「半分の民主主義」再び

先祖返りしたのはミャンマーだけではない。一九八六年時点で「半分の民主主義」と揶揄されていたタイも民主化を経て再び「半分の民主主義」に戻った。

八〇年代、国軍トップから首相に指名されたプレムが八年間にわたり統治を続けた。自身は立候補しないまま、選挙を実施し、軍の影響力と国王のカリスマを背景に政府と国会を運営していた。選挙以外の民主的な機能が欠落しているため「半分」と呼ばれた。[3]

ミャンマーで反政府運動が盛り上がった八八年八月、タイでは前月の総選挙をへて国民党党首のチャートチャイ率いる民選内閣ができた。その後、九一年にクーデターがあったものの、九二年からは選挙による政権交代が定着し、九七年の憲法改正で民主化が前進したかにみえた。ところが二〇〇六年、軍が街中に戦車を繰り出して当時の首相タクシンを政権の座から追放した。私は当時、バンコクに駐在しており、クーデターの噂は耳にしていた。それでも二一世紀に入って順調に経済発展する国でまさか、と高をくくっていたため、随分と慌てた。

その後、タクシン派と反タクシン派の抗争が続き、首都中心部で銃撃戦が展開されて多くの死傷者が出たり、大型商業施設が焼き討ちされたりと政情は不安定化した。

軍は一四年、再びクーデターを決行し、タクシンの妹の首相インラックを放逐し、首謀者の陸軍司令官プラユットが首相の座に納まって歯車を逆転させた。タイの政治で決定的な役割を果たしてきた国王プミポンの代替わりの時期とも重なったこともあり、軍はその後も権力を手放さず、不敬罪を駆使して反対勢力を徹底的に抑え込んだ。そのうえで軍の政治介入を大幅に認める新憲法を一七年に制定した。上院を任命制にして首相選出の投票権を与え、選挙制度も自らに有利に作り変えたうえで一九年に総選挙を実施した。プラユットはプレムと同様、選挙には立候補しないまま上院の支持などで首相に選出され、プレム以来の「半分の民主主義」を九年にわたって実践した。

東南アジアで唯一植民地化されず、地政学的、経済的にも地域の中核であるタイで、軍が武力で政権を握る状況は、近隣の権威主義的指導者に強権の免罪符を与えた。

タイの軍が主導して制定した一七年憲法は、ミャンマー国軍が議席の四分の一を握り、政治関与を永続化させた同国憲法に倣ったとみられた。両国の軍は自己利益のため、呼応するように武力で民意を踏みにじり、お互いを批判することはなく、軍のトップがいずれも首相に横滑りして反対派を弾圧した。独裁化、権威主義化の連鎖の見本である。

タイでは二三年五月に四年ぶりに総選挙が実施され、不敬罪の改正や徴兵制の廃止を公約に掲げたリベラル派野党の前進党が予想に反して第一党に躍り出た。第二党はタクシン派政党のプアタイ。〇一年に前身の党が勝利して以来、クーデターによる追放や憲法裁判所による解党処分があっても、次の選挙では必ず勝ってきたタクシン派政党が初めて一敗地にまみれた。

前進党党首のピターが首相候補に名乗りを上げたが、国会での投票では上院議員の多くが反対に回った。さらにピターがメディア企業の株を所有したまま立候補したのは憲法違反だとする選挙管理委員会の申し立てを受けた憲法裁がピターの議員資格を一時停止し、首相就任を阻んだ。いずれもクーデターで政権を握った軍や王党派に近い「民主化阻止機関」である。

結局、プアタイが公約を覆し親軍政党と連立を組んで組閣にこぎつけ、同党のセターが八月二二日、首相に就任した。その数時間前、タクシンはプライベートジェットで一五年ぶりに帰国を果たした。汚職の罪などで有罪判決を受けた〇八年以来、海外で逃亡生活を送ってきたタクシンは警察にいったん拘束されたものの、高血圧などを理由に収監先の刑務所から警察病院の特別棟に移送された。続いて最高裁は禁錮一〇年の刑期を八年に減刑した。タクシンは八月三一日、国王ワチラロンコンに恩赦を申請、同日付でこれが認められ、禁錮は一年に減刑された。二四年二月一八日、刑期を半年残して釈放された。結局、刑務所では一晩たりとも過ごすことはなかった。

望郷の念を募らせたタクシンと既得権の死守をめざす軍や王党派の思惑が一致した。その結果、王党派は仇敵タクシンの帰国、恩赦を受け入れる代わりに、前進党を排除し、親軍政党を政権に参画させる密約が結ばれたとみられる。軍の政治関与を拒否し前進党を押し上げた総選挙の結果は完全に無視された。

タイはV-Demの23年版までミャンマーなどとともに④の「閉鎖型権威主義」に分類されていた。二三年の総選挙を経てようやく③の「選挙を伴う権威主義」に引き上げられたが、選挙による民意が国政に反映されないところが権威主義と認定されるゆえんだ。民主化を進めるには、軍を政治に関与させないシビリアンコントロールの徹底に加え、王党派の憲法裁や選管を改革する必要があるが、道のりは険しい。

首相の座に三八年、カンボジアのフン・セン

二三年七月二三日、カンボジアで総選挙が実施され、与党・カンボジア人民党が一二五議席中一二〇議席を獲得した。その三日後、首相フン・センは長男の陸軍司令官フン・マネットに政権を譲ると発表した。八月二二日、三八年ぶりの首相交代が親子の間で実現した。その後フン・センの三男のフン・マニーは副首相兼公安相となった。内務大臣と国防大臣も他の人民党幹部の世襲。各省庁をつかさどる大臣三〇人の過半数を子供やおいが占める「太子党」内閣が出現した。一九八五年に首相の座に就いたフン・センは、世界で最も長く権力を握り続けた強権指導者とされたが、退任後の二四年二月の上院選で当選し、上院議長、人民党総裁として「院政」を敷く。

カンボジアでは、インドシナ戦争の終わった七五年、親米政権を倒して権力を握ったポル・ポト派が極端に急進的な共産主義政策を進め、都市住民やインテリ層・中間層を中心に一七〇万人ともされる国民を虐殺した。そのポル・ポト派の兵士だったフン・センは何らかの理由でベトナムに亡命し、ベトナム軍が七九年にカンボジアに攻め込んだ際、プノンペンに舞い戻っ

た。ポル・ポト派を駆逐したベトナムが樹立したヘン・サムリン政権で外相に抜擢され、三二歳で首相になった。さらに内戦は続いたが、日本を含む一九カ国が参加してパリ和平協定が九一年に調印され、九三年には明石康が特別代表を務めた国連カンボジア暫定機構(UNTAC)の下で実施された総選挙を経て民主化に踏み出した。この選挙では日本から派遣された文民警察官と選挙ボランティアの青年が活動中に殺害されている。

九八年にポル・ポトが死去、翌九九年にASEANへの加盟が実現し、五年に一度の総選挙やコミューン(地方)選挙も実施されてきた。しかし二〇一三年の総選挙で野党の救国党が若者を中心に四割以上を得票、一七年六月のコミューン選挙でも同党が大幅に躍進すると、政権は同年九月、党首のケム・ソカを「米国とともに国家を転覆しようとした」とする国家反逆罪で訴追し、政府の訴えを受けた最高裁が一一月、救国党に解党命令を出した。最大野党を排除した一八年の総選挙で人民党は一二五全議席を獲得。選挙による一党独裁が完成した。この間、フン・センと人民党は言論への弾圧も強めた。一七年九月、知日家のジャーナリスト、バーナード・クリッシャーが創刊した英字紙カンボジア・デイリーを廃刊に追い込んだほか、独立系の地元ラジオ局や米政府系のラジオ・フリー・アジア(RFA)とボイス・オブ・アメリカ(VOA)のクメール語放送FM局を強制的に閉鎖させた。人権団体やNGOの閉鎖、カンボジア人ジャーナリストやNGO職員らの逮捕も相次いだ。

二二年のコミューン選挙では、救国党の流れをくむ野党キャンドルライト党が二二・二五％の票を得て善戦した。すると、二三年の選挙で国家選挙委員会が「書類の不備」を理由にキャンドルライト党の参加を拒んだ。実質的な政党間競争が繰り返し排除されるカンボジアの「出来レース」は、形だけの選挙が権威主義政権の箔付けに使われた典型である。[4]

市民的自由の規制を続ける豊かなシンガポール

フン・センと同じ一九五二年生まれのシンガポールの首相リー・シェンロンは二〇二四年五月一五日、首相職を五一歳の副首相兼財務相ローレンス・ウォンに譲った。二〇年ぶりの交代だった。一九六五年の独立以来、リー・クアンユーと息子のリー・シェンロンの統治は途中ゴー・チョクトンの一四年間を挟んで、半世紀以上に及んだ。選挙は一応行われるが、毎回与党人民行動党の勝利に終わり、政権交代は一度もない。

世界銀行のデータによると、八六年に六七九九ドルだった一人当たりの国内総生産（GDP）は、二〇二三年には八万四七三四ドルと一〇倍以上になった。一方、言論の自由は限定的で、政府や与党への批判が大手メディアに載ることはまれである。一九年一〇月にフェイクニュース・情報操作対策法が施行されると、政府は野党党首ら政治的立場を異にする意見表明に訂正命令を連発した。市民的自由を規制しながら経済発展に注力する開発独裁の成功例とされるが、世界屈指の豊さを誇りながら、報道の自由度ランキングでは常に最底辺を低迷する異形な国である。

ベトナムは一九七五年に北ベトナムが武力で南ベトナムを統一して以来、ベトナム共産党が一党独裁体制を敷く。ラオスも同じ七五年に王政が廃止され、人民革命党による一党支配が今日まで続く。フィリピンで政変のあった八六年以来、経済の自由化・資本主義化を進めるが、政治的、社会的な自由化は取り入れられず、直接選挙や言論、結社の自由は認められていない。民主主義を示す指標では両国とも世界最低レベルにある。八四年に英国から独立したブルネイは日本外務省の定義では立憲君主制となっているが、一度も選挙が実施されず、国王が首相、外相、経済相を兼務する。イスラムのシャリア法を施行する絶対王政である。

V-Demで②マイナスの「選挙による民主主義」に位置づけられたマレーシアでは二〇一八年の総選挙で、一九五七年に英国から独立して以来の政権交代が実現した。当時九二歳のマハティール率いる野党の希望連盟が、首相ナジブの国民戦線を破った。マハティールは〇三年まで二二年間にわたり首相を務め、開発独裁型の政権運営を続けた長老である。一六年にナジブによる政府系ファンドの不正疑惑が明らかになると、長らく党首を務めた国民戦線の中核政党UMNOを離党して希望連盟を旗揚げし、かつて自らが解任した元副首相のアンワルと手を組んで政権奪回を成し遂げた。他の近隣諸国で民主主義の後退が指摘されるなかで画期的な出来事だった。

その後、アンワルへの政権禅譲をめぐる内紛などに加え、各党が権力闘争を繰り広げた結果、与党が入れ替わり、選挙を経ない政権交代で首相はムヒディンへ、さらにイスマイルサブリへと代わった。二二年の総選挙で再び政権交代となり、アンワルが首相の座を手に入れた。選挙による政権交代が続いたことからＶ－Ｄｅｍの評価も23年版までの③からランクアップした。

共産主義のドミノから権威主義のドミノへ

マレーシアと同じ②マイナスのインドネシアでは、一九九八年のスハルト退陣後、ハビビ、ワヒド、メガワティの各政権を経て二〇〇四年に初の直接投票でユドヨノが大統領に就き、一四年から二期一〇年をジョコ・ウィドドが継いだ。ジョコの後継を決める二四年二月の大統領選では三人の候補のうち、国防相のプラボウォが決選投票を待たずに当選を決めた。スハルトの娘婿であるプラボウォは軍高官として特殊部隊を率い東ティモール制圧作戦で現首相のシャナナ・グスマンを逮捕したり、自国でも民主活動家を拉致監禁したりしたとして人権弾圧の主犯扱いされ、軍籍もはく奪された。

その強面、悪役イメージを払拭するのに大きく貢献したのはＳＮＳである。ティックトックで不器用に踊るさまが「かわいい」と若年層に受けた。一七歳から選挙権を得る同国では約二億人の有権者のうちZ世代にあたる二七歳以下が二三％。四三歳までのミレニアル世代まで入れれば三四％に達する。これらの世代には独裁時代やその後の政治的混乱の暗い記憶がない。

ＳＮＳ戦略以上の最大の勝因は、前二回の大統領選で敗れたジョコの政策を引き継ぐと宣言し、退任間近でも七割以上の支持率を誇ったジョコの人気に乗じたことだ。ジョコの長男で中部ジャワ州のスラカルタ市長のギブランを副大統領候補に据えてコンビを組んだことが大きかった。これによりジョコも現職大統領の立場を超えてプラボウォ・ギブラン組を支援した。

二年前のフィリピン大統領選と構図が似ている。独裁者の息子、義息がタッグを組んだのは現職の子供だ。ティックトックで柔らかいムードを演出し強権の記憶がない世代に訴えた。

世界四位の人口を抱え、有権者が二億人を超えるインドネシア大統領選は、世界最大の直接選挙と呼ばれる。二一世紀に入り安定的に選挙による政権交代が繰り返されていることからV-Demでも域内で唯一の②に位置づけられていたが、24年版で②マイナスに格下げされた。

ジョコ政権は二一年に独立機関だった「汚職撲滅委員会」を行政組織に再編して弱体化させ、二二年の刑法改正では大統領や政府への侮辱を犯罪とする条項を盛り込んで言論統制を強めた。選挙が機能していても、市民的自由の確保や司法の独立には暗雲が立ち込める。同様に選挙で政権交代が実現しているマレーシアやフィリピンでも権威主義的傾向がみられると判断された結果、東南アジアでは①の自由民主主義はもとより、②の選挙による民主主義と評価された国もない。

一九五〇年代以降のインドシナ戦争時、自由主義陣営はアジアにおける「共産主義のドミノ」を恐れたが、近年、この地域は「権威主義のドミノ」の様相をみせている。各国個別の事情はもちろんあるが、共通の背景も見逃せない。

中国の勃興が支える強権

ひとつは中国の勃興だ。八六年には三〇〇〇億ドルだったGDPは二〇二一年に一七兆八二〇〇億ドルへと六〇倍に膨らんだ。一〇年に日本を追い抜き、現在は米国の七割ほどの規模となっている。〇八年に世界を襲ったリーマンショックで世界に深刻な不況が広がるなか、世界中に資金を流した中国の存在はアジアでさらに大きくなった。中国はユーラシア大陸全域や南太平洋を結ぶ経済圏構想「一帯一路」を掲げて、援助大国、投資大国となり、影響力を年々強めている。

一七年の第一九回中国共産党大会で、総書記の習近平は、欧米を「敵対勢力」とみなし、民主主義や自由主義などの普遍的価値は「見せかけだけのごまかしだ」と言い放った。二二年一〇月の第二〇回大会冒頭の演説では、欧米の価値観には従わず中国独自の道を行く「中国式」との言葉を連発した。個人の自由や多様性より党や政府の方針、指導を優先させる発展モデルだ。「中国式」を他の途上国に広め、欧米とは異なる価値観の陣営を形成する考えを示した習はこの大会で異例の三期目に入った。二期一〇年だった任期や引退年齢といった近年の慣例を破り、個人独裁を推し進めている。

冷戦後、中国をはじめとする権威主義国家でも、経済が発展し中間層が増えれば、自由主義や民主主義を求める声が強まるとの予測があった。しかし現実には、選挙を経ているかどうかの違いはあれ、中国と同様に東南アジア諸国でも強権的な政治を是とするメンタリティーが共通して広がりつつあるように見える。中国は欧米が経済制裁や援助停止をちらつかせると、その間隙をついて援助や投資を増額する。強権政治家らの頼れるパートナーである。

ASEANで中国を代弁するカンボジア

膨張する中国に寄り添う形で強権を強めた代表例は、カンボジアだ。ASEAN議長国を務めた一二年の外相会議で、史上初めて共同声明が出せない事態となったのは象徴的だった。会議直前にフィリピンの排他的経済水域(EEZ)内にあるスカボロー礁周辺でフィリピンの軍艦が中国の艦船とにらみ合いとなったことをうけ、中国への批判を声明に盛り込むようフィリピンが求めたもののカンボジアが拒絶し、紛糾した結果だった。その後も南シナ海問題で中国と対立するフィリピンやベトナムの主張に対し、中国の立場を代弁して反対することが常態化した。

カンボジアは日本をはじめとする西側諸国の手助けで内戦を克服し、民主国家の体裁を整えつつあった。内戦でポル・ポト派を支援した中国は、人民党にとっては最大の敵であった。ところがＵＮＴＡＣのもとで実施された総選挙の結果、第一党となったフンシンペック党と第二党の人民党が九七年に武力衝突し、勝利した人民党は第一首相のラナリットを追放して第二首相だったフン・センが実権を握った。この時フンシンペック党幹部多数を処刑したため日本や欧米諸国は「クーデター」と非難して援助を停止した。ＡＳＥＡＮ加盟も延期された。村八分状態の人民党政権に手を差し伸べたのが中国だった。フン・セン体制を承認、制裁に反対し、軍事援助と開発援助を始めた。その後、中国の援助は徐々に増えた。人民党にとって中国は「諸悪の根源」から「もっとも信頼できる友人」になり、ＡＳＥＡＮでは「中国の代理人」と揶揄されるまでになった。

中国の対カンボジア援助は一〇年に日本を抜いて一位となった。以後、日本の二〜三倍の援助を毎年供与している。増加する中国援助に反比例して、欧米ドナーの存在感は希薄になっている。〇七年から一四年のドナー地域別の援助額比率で、中国は一一・九％から二三・八％と大きく飛躍する一方で、欧米は二七・二％から二〇・九％と縮小した。

援助額の推移に呼応するように、欧米に対するカンボジアの強気な姿勢が目立つようになった。現地報道によると、フン・センは欧米に対し「民主主義と人権の名の下に内政干渉している」と発言した。カンボジア外務省は一七年四月「To Tell the Truth」というレポートを発表し、米国などが人権問題などを取り上げてカンボジアの実態と歴史を歪曲して国際社会に伝え、誤ったイメージを植え付けていると非難した。軍事面でも一〇年に始まった米国との合同軍事演習を一七年に中止し、代わって一六年と一八~二〇年、二四年に中国との合同軍事演習を実施した。南西部のリアム海軍基地は、中国にのみ利用させる秘密合意がなされていると報じられている。[6] フン・マネットは二三年九月一五日、首相就任後初の外遊先として中国を選び、北京で習近平と会談、親中路線の継続を誓った。

中国への傾斜はカンボジアに限らない。ラオスも中国・昆明とビエンチャンを結ぶ高速鉄道を中国の資金で開通させるなど巨額の援助漬けが指摘され、ASEAN内でも中国寄りの姿勢を鮮明にしている。クーデターで民選政府を瓦解させたタイやミャンマー、汚職疑惑が渦巻いたマレーシアのナジブ政権などは、批判や制裁を強める欧米諸国をよそに中国の支持で孤立を回避した。中国も「内政不干渉」を掲げて権威主義政権の取り込みを図った。

フィリピンではドゥテルテが習近平への好意を隠さなかった。中国接近は、援助や投資への期待のほか、スカボロー礁での競り合いに対する「懲罰」として中国が科していたフィリピン産バナナの禁輸解除、紛争海域での自国漁民の安全操業など実利を得る目的があった。フィリピン軍が老朽軍艦を意図的に座礁させて、実効支配の拠点としている南シナ海のアユンギン礁への食料補給を中国が妨害しない代わりに、フィリピン側も老朽艦の補修をしないという密約を結んだと、当時の大統領報道官が証言している。公言していたアメリカ嫌いの裏返しとして中国へ肩入れしていた面もあった。一方、中国はドゥテルテの麻薬撲滅戦争を一切非難しなかった。

米国の無関心と衰退、そしてご都合主義

東南アジアの権威主義的リーダーが中国になびいた裏には、ドゥテルテやフン・センに限らず米国に対する積年の反発も共通する。民主主義や人権を振りかざす一方で、インドシナ戦争時の南ベトナムのように親米政権の人権侵害は問題にしない二重基準、オバマ的なポリコレやきれいごとへの反感だ。そうした反発を押さえつける絶対的な力が米国から失われている面も無視できない。

二一世紀に入ってからの米国は、同時多発テロ後に始めたアフガニスタン、イラクとの戦争に政治・外交・軍事的な資源をつぎ込み、疲弊した。その間、ブッシュ政権のアジアへの関心は極めて希薄だった。後を継いだオバマは「リバランス」「ピボット」といった言葉でアジア回帰を謳ったが、北朝鮮の核実験やミサイル発射を阻止できず、南シナ海で七つの島を大規模

に埋め立てて、軍事要塞化した中国の動きも止められなかった。貿易や投資、援助など経済面に限らず、安全保障面でも米国はあてにならないとの思いをアジアの指導者らに植え付けた。

一六年、米大統領選でヒラリー・クリントンを破ったトランプの勝利は、世界の多くの国で驚きとともに危惧を持って受け止められたが、東南アジアの首脳らはおおむね好意的な反応を示した。オバマやヒラリーらの人権批判にうんざりしていたからだ。フン・センは選挙期間中から「トランプが勝てばよい」と公言していた。

一七年九月から一〇月にかけて、マレーシアのナジブ、タイのプラユット、シンガポールのリー各首相が相次いで訪米し、トランプと会談した。ナジブは政府系ファンド不正問題で米司法省の追及を受け、オバマ政権との関係は悪化していた。タイのクーデターを批判する米国は一時、合同軍事演習を停止し、オバマの任期中はプラユットを米国に招くことはなかった。

訪米時にリーは米航空機製造大手のボーイングからシンガポール航空が総額一三八億ドル相当の機材を、ナジブ首相はマレーシア航空が一〇〇億ドル相当を買うと約束した。トランプから対米貿易赤字を指摘されたプラユットは対米投資の拡大を誓った。

ドゥテルテも「暴言王同士」のトランプには親近感を抱いているようにみえ、一方のトランプもオバマと打って変わってフィリピンの麻薬撲滅戦争を「素晴らしい仕事」と持ち上げた。

トランプは民主化や人権問題に関して無関心、無頓着で、首脳会談で取り上げることもなかった。安全保障上、米国との大きな摩擦を抱えない東南アジアに関して、トランプ政権の関心は経済・貿易問題だけにあり、そこで耳当たりの良いことを言っておきさえすれば、対米関係で波風は立たなかった。

米国のご都合主義はトランプに限らない。二〇年の大統領選でトランプを破ったバイデンは、フィリピン大統領選でボンボンの勝利が確定的となると、就任前に他の首脳に先駆けて当選祝いの電話を入れた。ボンボンは、父の時代の人権侵害に関連する米国内の訴訟で法廷侮辱罪に問われ、三億五千万ドルの罰金支払いを命じられたものの支払ってこなかったため、訪米すれば拘束されるおそれが指摘されていた。バイデンの電話の後、国務副長官のウェンディ・シャーマンがマニラを訪れ、「外交特権による免責が適用され、米国に自由に入国できる」と就任前のボンボンに直接告げた。これを受けてボンボンは就任三カ月後の二二年九月の国連総会にあわせて三〇余年ぶりに米国の土を踏んだ。首脳会談でバイデンが「両国には揺れ動く時期もあったが、重要な関係であることは明らかだ」と話しかけると、ボンボンは「私たちはアメリカのパートナーであり、同盟国であり、友人だ」と返した。

その四〇年前の一九八二年、シニアが当時の米大統領ロナルド・レーガンの招きで訪米した時も、人権侵害や米国の援助にからんだ汚職についての情報はホワイトハウスに届いていた。それでも冷戦構造のなかで、米政府は巨大な米軍基地を抱えるフィリピン政府とシニアを取り込むことを優先した。ワシントン・ポスト紙によると、八〇年代、上院外交委員会に属していたバイデンは、マルコス独裁体制の人権侵害を声高に批判していた。米軍基地問題についても「腐敗し、信用を失った政権と米国が同一視されれば、短期的には基地を維持できるかもしれないが、フィリピン国民を疎外し、長期的には基地を失うことになりかねない」と語っていた。八六年の政変によってハワイに追放されたシニアを保護するレーガンの試みにも反対した。[7]

バイデンは「世界は民主主義国対権威主義国に分断されている」と語り、「民主主義サミット」を開催したが、台湾海峡有事や南シナ海問題で地政学的な重要性を増すフィリピンであれば、マルコス家の過去など「恩讐の彼方に」といった風情だ。

現実化する『一九八四年』の世界

アジアのみならず権威主義が世界で勢いを増す背景には、二〇世紀終盤以降のテクノロジーの飛躍的な進化もある。

冷戦が終結した翌一九九〇年、軍事用に開発されたインターネットが民間に広く開放された。九五年にマイクロソフトのウィンドウズ95が世に出てパソコンが普及した。グーグルが九七年に検索サービスを始めたことでネットの利便性が一挙に高まった。ＳＮＳの事始めは、ハーバード大学を中退したマーク・ザッカーバーグが立ち上げ、二〇〇六年に一般公開したフェイスブック（FB）だ。アップルのスティーブ・ジョブズがiPhoneを発表したのは翌〇七年だった。一一年、チュニジアに端を発した民主化運動「アラブの春」ではFBが決定的な役割を果たしたとされ、「フェイスブック革命」とも呼ばれた。中東に根を張る強権政府が主要メディアをコントロールするなか、民主化を求める若者らの情報バイパスとして機能し、デモや集会の動員を可能とした。その結果、チュニジアに続き、エジプト、リビアなどで長年続いた権威主義体制が崩壊し、政権交代につながった。

しかしFBなどのSNSが民主化のツールと賞賛される期間は短かった。誰もが自分たちの伝えたいメッセージを世界に直接届けることができるSNSは、新聞、テレビなど伝統メディアの情報独占を崩したが、発信の際にファクトチェックなどは入らない。伝統メディアの影響力が急激に衰えるなか、バイパスであったSNSが情報伝達の主流となり、選挙を動かす存在となった。世界的な潮流だが、フィリピンはその先駆だったことは第6章で書いた。

マリア・レッサは一七年、ラップラーのデータベースや分析を携えて、ザッカーバーグと面会し、政権や政治家がFBを通じて偽情報を拡散して社会を分断し選挙に利用していると訴えた。「フィリピン国民の九七％がFBを利用している」と影響力の大きさを指摘し、アルゴリズムを見直すよう求めたが、ザッカーバーグは「あとの三％はどこにいるんだ？」とジョークを飛ばすだけで、問題を放置したという。「胸躍る可能性を切り開いてくれたFBが権力者の道具として攻撃を仕掛ける牙となった」とレッサは振り返る。[8]

今後も当面は動画配信も含めたＳＮＳが選挙戦の主戦場であり続けるだろう。偽情報やプロパガンダを排除する抜本的な解決策は見つからず、社会の亀裂の修復は難しさを増す。

デジタル化と権威主義の相性の良さが明らかになってきた。ネットを通じて統制を強化し、権力を集中させて、批判を封じ込める「デジタル権威主義」時代の到来である。先頭を走るのは、ＩＴ技術を利用して国民監視に乗り出す中国だ。防犯カメラやＳＮＳの監視システム、信用スコアなどで個人情報を徹底管理し、国家や政府、権力者に都合の悪い声を封殺する一方で政府の意向に沿ったプロパガンダを広める。こうしたテクノロジーの使われ方は、表現・言論の自由やプライバシーを貴ぶ民主主義とは相容れない。

中国が世界中の権威主義的リーダーにノウハウを輸出していると伝えられている。カンボジアでは二一年二月、インターネット上で利用者の目に触れる前にすべてのコンテンツを当局が検閲できるシステムを導入する政令が発効したが、ネット検閲技術は中国から導入したという。国民みんながテレスクリーンに監視される、ジョージ・オーウェルの『一九八四年』の世界がまさに出現しつつあるのだ。

インターネットを中心とするテクノロジーの発展は、冷戦後のグローバリズムや新自由主義の広がりとも軌を一にする。富めるエリート層はますます富み、多くの人たちは取り残される。

億万長者に名を連ねるのは、政治エリートやＩＴ関連企業の創業などで短期間に大もうけした起業家らだ。取り残された人たちの怨念がＳＮＳを通じてポピュリスト的な権威主義者を押し上げる原動力となっている。怒りの対象は新聞やテレビなど伝統メディアにも向かう。

ボンボンの大統領選勝利に対する多くの論評のなかで、印象に残っているのは、米タイム誌に掲載されたジョナサン・コーパス・オンの一文だ。[9]

「この数年、ポピュリスト型のリーダーが選挙に勝つたびに、偽情報工作で無知な大衆が洗脳された結果の予想外の展開などとする報道が相次ぐが、そんなことはない。いつまでたっても生活が良くならないフィリピンの有権者の多くが明確に、自由民主主義の高邁な理想を拒絶し、強権リーダーの夢物語にもっと深く浸りたいとの意思を示したのだ。途上国だけの現象ではない。成熟しているはずの民主主義国家にも共通の問題だ」

アジアの病、政治世襲

米国は建国以来、中国は共産党支配の確立以来、ロシアはロシア革命以来、日本は明治維新以来、フランスでは共和制の導入以来、体制は違っても政治的に共通する事象がある。女性のトップが一人も現れていないことだ。

他方中国を除くアジアでは、インドのインディラ・ガンジー、パキスタンのベナジール・ブット、バングラデシュのカレダ・ジア、シェイク・ハシナ、インドネシアのメガワティ、タイのインラック、フィリピンのコラソン・アキノ、アロヨ、韓国の朴槿恵と女性のトップが目白押しである。

彼女たちには共通する点がある。すべて世襲、あるいは夫や兄弟らの後に納まる政治王朝の一員であることだ。英国のサッチャーやメイ、ドイツのメルケル、ニュージーランドのアーダーンらとは政治家としての背景が根本のところで異なっている。アジアでみられる女性の政界進出は、ジェンダーの視点で捉えるより、政治世襲の側面を見る方が理解しやすい。アジアの権威主義の大きな特徴は、世襲や政治王朝と密接にからみあっているところだ。

フィリピンではマルコス家、アキノ家に限らず、歴代の大統領、国会議員、自治体の首長らのほとんどが世襲政治家である。政治王朝に挑戦できるのは、ボクシングで六階級制覇を成し遂げたマニー・パッキャオのように知名度の高いスポーツ選手か、エストラダのような芸能界の大物に限られる。そうしたなかで、ダバオ以外に政治基盤のなかったドゥテルテの大統領選勝利は破天荒であり、だからこそ中央の既得権益層(オリガーキー)支配を打破してくれるのではないかとの期待があった。ところがエストラダにしろドゥテルテにしろ、いったん地位を手にすれば自分の王朝づくりに励む。エストラダの正妻は元上院議員で息子は現職の上院議員。愛人が市長を務め、その間に生まれた息子も上院議員、おいやめいは知事や下院議員を務めた。

かつて独裁を許した反省からフィリピン憲法は「国は国民が公職に就く機会の均等を保障し、別に定める法律で政治王朝（世襲）を禁じる」と定めている。だが国会はいつまでたっても個別法を制定しない。アジア経営研究所（マニラ首都圏マカティ市）が一二年に国会議員選挙結果を分析したところ、上院の八割、下院の七割が中央、地方の政治家一族の出身だった[10]。つまり国会議員のほとんどが王朝を維持している。かくして国中が憲法違反の状況にある。憲法はほかに、大統領の再選や国会議員、首長の多選を制限する。しかし任期が切れると、妻や子を候補に立て、一族による権力のたらい回しが横行する。マルコス家やドゥテルテ家で見てきた通りだ。政治家の一族支配は強まりこそすれ、憲法の理念に近づく気配は微塵もない。

なぜかくも王朝は蔓延《はびこ》るのか。政党の政策立案・人材発掘機能が弱いことも原因だ。フィリピン大教授のプロスペロ・デベラは「フィリピンでは政治の基盤が政党ではなく一族にある。選挙の勝敗は一族の名誉に関わるから流血につながる。芸能人やスポーツ選手が第二の人生に政治を選ぶのは、簡単に権力を得られ、仕事も簡単だからだ」とかつて私の質問に答えた。

王朝支配や政治世襲はフィリピンに限らず、アジアのお家芸といえるほど各国に根ざしている。大統領制、議院内閣制、一党独裁と統治形態の違い、発展度合いに関係なくほとんどの国で見られる現象だ。英独など欧州ではあまり例はないし、ケネディ家やブッシュ家などはあっても、米国もアジアには遠く及ばない。

インドネシアで、材木を売って生計をたてる貧困家庭に生まれたジョコは、大工を経て家具会社を立ち上げて成功した後、地元のスラカルタ市長、ジャカルタ特別州知事を経て国家元首に上り詰めた。長らく政治エリートや親族、富裕な取り巻き、軍高官らが政界を牛耳ってきた国で「庶民派」ジョコの大統領就任のインパクトはドゥテルテの登場以上に大きかった。

ところが二期目になると、既成政治家同様のネポティズムが急速に広がった。二〇年の統一地方選にはジョコの長男のギブランがスラカルタ市長に、娘婿が北スマトラ州のメダン市長に出馬し当選した。次男のカエサンはインドネシア連帯党の党首に就任し、次期統一地方選で中部ジャワ州の知事選への立候補が有力視されている。新たな政治王朝の台頭である。

プラボウォの副大統領候補に就いたギブランは、正副大統領の立候補年齢を四〇歳以上とする選挙法の規定を満たしていなかった。だが憲法裁判所は二三年一〇月、現職の地方首長などは四〇歳未満でも立候補可能との判断を示した。憲法裁判所の長官はジョコの義弟だった。

アジアの共通項を探せば、農耕民族をルーツに持つ地域が広く、土地への執着が強いこと、富裕層にも大家族制が残り、一族がよりお互いを必要としていることなどだろうか。地域に長く染みついたクライエンテリズム(親分・子分関係)とも関係する。ご主人様の子息を敬うのは当然という気風だ。貧しい地域ほど王朝支配は広がりやすい。地域で「徳」(施し)を与えるボスに貧困層は頼る。彼らの票で王朝ができる。絶対的な権力は必ず腐敗し、貧困も永続する。

一族支配と貧困には強い相関関連がある。

フィリピンに次ぐ世襲大国日本

貧しいとは言えない日本もアジアのど真ん中にいる。私の観察では、世襲の跋扈はフィリピンに次ぐ。世襲を、①父母が国会議員 ②三親等内の国会議員から地盤の一部または全部を引き継いだ——のいずれかに該当する場合と定義した日経新聞によれば、二一年の衆院選の候補者の一三%が世襲で、勝率は重複立候補した比例代表による復活当選を含めて八〇%に達した。一方で非世襲候補は三〇%だった。[11] ただこれは定義がかなり狭い。親族に首長や地方議員まで含めると三、四割とされる。さらに首相や大臣など政界で階段を上るほど、世襲の割合は高くなる。小選挙区制が導入された九六年以降の首相一二人のうち、世襲でないのは菅義偉、野田佳彦、菅直人の三人だけだ。自民党に限れば一人を除いて世襲ということになる。

政治学者の野中尚人は「近年、ほぼすべての自民党幹部が世襲議員によって占められていたが、それはある意味当然の帰結だったのである。やや極端に言えば、日本国の総理大臣という地位に到達できるのは、わずか五〇〇家系ほどの関係者にすぎない状況に至っていた。これこそが自民党における世襲問題がもたらした究極のゆがみである」と喝破している。[12]

二二年七月三一日、フィリピンの第一二代大統領フィデル・ラモスが九四歳で亡くなった。

軍人から政府高官、そして政治家へと転身したが、長い軍歴、戒厳令で実行部隊を指揮した過去、朝鮮戦争従軍時に負った顔の傷などから強面で地味な印象が付きまとい、就任当初は人気が高いわけではなかった。それでも災害や政情不安、長引く停電などでどん底状態だった経済を規制緩和や外資導入で立て直し、活性化させた。イスラム教徒反政府勢力、モロ民族解放戦線(MNLF)や共産勢力との和平にも尽力した。後から振り返ればフィリピンにとって最も政情が安定し、順調に経済発展した時代だったといえる。

私がマニラに駐在していた時の大統領で、地方巡視に同行するなど直接接する機会が多かったこともあるが、個人的に好感を抱くのは、マルコス、アキノ、エストラダ、アロヨ、ドゥテルテと歴代大統領が子息を国会議員にして地盤を継がせてきたなかで、ラモスだけが五人の子供を一人として公職に立候補させなかったからだ。ラモスの父は下院議員、のちにシニアの初代外相を務め、妹は上院議員だった。その妹を含め、親族には公職への立候補を思いとどまるよう説得していたと死後、めいのリラ・シャハニが証言している。[13] フィリピンに、いやアジアでは稀有なことである。

アジアに民主主義は根付かなかったのか

民主主義にとって選挙は必要条件であるが、十分条件ではない。選挙に勝ったことのみで権力の正統性が全面的に保障されているわけではない。三権分立が機能していなければならないが、権威主義国家では、突出して力を持つ行政（大統領や首相）が議会と一体となり、司法による監督を機能不全としている例が多い。かつては第四の権力といわれた新聞をはじめ伝統メディアが衰退する一方、偽情報をばらまくSNSが社会の亀裂を深めている。一党独裁の中国が台頭する傍ら自由民主主義を唱える国々の影響力は低下している。権威主義の広がりに対する歯止めはなかなか見当たらない。

フクヤマは、選挙を実施して国民の望みを汲みとることはさほどむずかしくないものの、近代的で非人格的な国家と法の支配を実現するのはずっとむずかしいと指摘する。「世界中で驚くほど広く見られるのが、特定の政治指導者を支持する人だけにサービスを提供する国家です。（中略）身内びいきがはびこっていて、ときにはグロテスクなまでの腐敗が見られる」「ポピュリズムの真の危険は、ポピュリスト指導者の多くがみずからの正統性を利用して、決定的に重要な制度を破壊しようとする点にあります。法の支配、独立したメディア、非人格的な官僚制といったものです。（中略）新聞やテレビで批判されたり、裁判所に何かをしてはいけないと言われたり、さらには、官僚に政敵を訴追させることができなかったりすると、そうした制度を破壊しようとするわけです[14]」

フィリピンをはじめとする多くのアジアの国々や指導者の言動に当てはまる言葉ではないだ

ろうか。アジアに民主主義は根付かなかったのか、あるいは発展途上の段階なのか。結論を出すのは早いだろう。しかしながら楽観できる状況にないことは確かだ。

注

序章

1 久米宏『久米宏です。——ニュースステーションはザ・ベストテンだった』(世界文化社、二〇一七年)。

第1章 フィリピンの「発見」から独立、独裁まで

1 フィリピン大統領選への米国の関与については、レナト・コンスタンティーノ、レティシア・R・コンスタンティーノ、鶴見良行他訳『フィリピン民衆の歴史』I~IV(勁草書房、一九七八~八〇年)やスターリング・シーグレーブ、早良哲夫・佐藤俊行訳『マルコス王朝——フィリピンに君臨した独裁者の内幕』上・下(サイマル出版会、一九八九年)などが詳述している。

2 永野善子「アメリカ植民地期フィリピン議会政治の生成と展開:一八九九~一九四一年」『人文研究:神奈川大学人文学会誌』一四四(二〇〇一年)を参考にした。

3 ワシントンポスト、"New Doubts on Marcos' War Role,"(一九八六年一月二四日付)など。

4 清水展『文化のなかの政治——フィリピン「二月革命」の物語』(弘文堂、一九九一年)二〇三頁。

5　イメルダの生い立ちについては、カルメン・ナバロ・ペドロサ、氷川野拓訳『実録イメルダ・マルコス――フィリピン大統領夫人の知られざる過去』(めこん、一九八六年)などを参照した。

6　マルコスの蓄財について書かれたものは多いが、二〇二二年五月三日のロイターの記事がまとまっている。"How Marcos could control hunt for his family's wealth as Philippines president."

第2章　エドサ政変からふたつめのアキノ政権まで

1　エンリレは自伝の Juan Ponce Enrile, *A Memoir* (ABS-CBN Publishing inc., 2012) ででっちあげを再度否定したが、これに対して二〇一二年一〇月三日、ラップラー("Enrile's tale: Hypocrisy and contradictions,")、二〇一二年一〇月八日、フィリピン・デイリーインクワイラー紙(＝以下インクワイラー)のファクトチェック("True or false: Was 1972 Enrile ambush faked?")などがエンリレ襲撃について検証している。

2　戒厳令下の経緯については、フィリピン官報("Infographic: The day Marcos declared Martial Law.")や浅野幸穂『フィリピン――マルコスからアキノへ』(アジア経済研究所、一九九二年)を参照した。

3　フィリピン官報、"A History of the Philippine Political Protest."

4　一九八六年二月二二日から四日間の経過については、Lewis M. Simons, *Worth Dying For*, William Morrow & Co, 1987 や当時の新聞報道を参考にした。

5　大野拓司他編著『フィリピンを知るための64章』(明石書店、二〇一六年)二三三頁。

6　スターリング・シーグレーブ『マルコス王朝』下、三二三頁。
7　エストラダを追放したピープルパワー2からアロヨ政権の混乱ぶりについては、日下渉『反市民の政治学――フィリピンの民主主義と道徳』（法政大学出版局、二〇一三年）が活写している。

第3章　ドゥテルテの登場と麻薬撲滅戦争

1　CNN, "Philippines' President Duterte: I killed when I was 16." 二〇一七年一一月一〇日。
2　ドゥテルテの生い立ちについては、地元紙のほか、石山永一郎『ドゥテルテ――強権大統領はいかに国を変えたか』（角川新書、二〇二二年）を参考にした。
3　インクワイラー（電子版）、"Total drug war deaths at 6,235 as of February 2022, says PDEA," 二〇二二年三月三〇日。
4　超法規的殺人の実態については、パトリシア・エヴァンジェリスタが多くの現場で重ねた取材をまとめた Patricia Evangelista, *Some People Need Killing: A Memoir of Murder in The Philippines*, Grove Press UK, 2023 の記述が生々しい。
5　Macrotrends, "Philippines Murder/Homicide Rate 1960–2024."
6　石山、前掲書、八七頁。
7　フィリピンスター（電子版）、"Duterte to pardon cops in drug killings," 二〇一六年七月一九日。
8　タイム（電子版）、"Duterte Has Brazenly Reinstated 19 Police Who Murdered a Philippine Mayor Last Year," 二〇一七年七月一四日。

第4章　政敵排除と報道の抑圧

1　マニラブレティン（電子版）、"Arroyo leads call to defend Duterte amid looming ICC probe," 二〇二三年二月一六日。

2　World Justice Project, "Philippines Overall Score, 2023."

3　フィリピンスター（電子版）、"UN special rapporteur proposes abolition of NTF-ELCAC," 二〇二三年一一月一六日。

4　例えば、ボンボン政権下の二〇二三年八月三〇日、下院予算委員会で、サラ・ドゥテルテ率いる副大統領府の巨額の機密費について野党議員が質問しようとしたところ、ボンボンの長男の下院議員サンドロが審議打ち切りの動議を提出し、野党議員のマイクが切られた。審議時間はわずか二二分。うち一〇分は副大統領府側の説明だった。インクワイラー（電子版）、"House panel microphone shut to cut scrutiny of VP secret funds," 二〇二三年八月三一日。

5　PressOnePH: In the Trenches, "Military spending," 二〇二三年一月二八日。

6　石山永一郎『ドゥテルテ』一三一頁。

7　Nikkei Asia, "Blasted by Duterte, Philippine Daily Inquirer owners opt to sell," 二〇一七年七月一八日。

8　ラップラー、"Duterte himself banned Rappler reporter from Malacañang coverage," 二〇一八年二月二〇日。

第5章　史上最高のドゥテルテ人気とその秘密

1　フィリピンスター（電子版）、"Duterte spent entire P4.5 billion allocation for confidential, intel funds in 2021," 二〇二二年一〇月一二日。

2　フィリピンスター（電子版）、"Sara says critics of confidential fund are 'enemies of the nation' for obstructing peace," 二〇二三年一〇月五日。

3　ラップラー、"P460M a year: Under Sara Duterte, Davao's confidential funds soared," 二〇二三年九月二九日。

4　木場紗綾「第8章　フィリピン共和国――汚職取締に対する市民の意識をどうとらえるか」外山文子・小山田英治編著『東南アジアにおける汚職取締の政治学』（晃洋書房、二〇二二年）二四〇頁。

5　ロイター通信、"Duterte tells regional leaders, U.S. not to lecture Philippines on rights," 二〇一六年九月八日。

6　CNN, "Philippines President likens himself to Hitler," 二〇一六年九月三〇日。

7　フランシス・フクヤマ、山田文訳『「歴史の終わり」の後で』（中央公論新社、二〇二二年）一九四頁。

8　Patricia Evangelista, *Some People Need Killing*, p.16.

9　インクワイラー（電子版）、"Duterte asked to apologize for his public coquetry with Bohol town mayor,"二〇一九年五月一〇日。

10　ユーチューブ、"Duterte: Davao's high rape cases? Blame it on beautiful women," 二〇一八年八月三一日。

11　ラップラー、"VIRAL: Video of Duterte joking about raped Australian woman," 二〇一六年四月一七日。

12　ザ・ガーディアン(電子版)、"Philippines: Rodrigo Duterte orders soldiers to shoot female rebels 'in the vagina'," 二〇一八年二月一三日。

13　CBS News, "Philippines leader defends onstage kiss: 'We enjoyed it'," 二〇一八年六月六日。

14　フィリピンスター(電子版)、"UN rapporteur includes De Lima, Sereno, Ressa in report on rights defenders," 二〇一九年二月一八日。

第6章　ボンボン政権の誕生とソーシャルメディア選挙

1　『まにら新聞』、"Mayor Sara Duterte not discounting possibility of father going to jail after term ends," 二〇一八年九月二四日。

2　中村和生『まにら新聞』「ＪＥＴＲＯ　比経済展望(20)　比社会に浸透するソーシャルメディアと大統領選」二〇二二年四月二七日。

3　ラップラーがマーケティング会社の内部資料を得て、ドゥテルテ支持のインフルエンサーや著名人への支払いの実態を暴露している。"Stars, influencers get paid to boost Duterte propaganda, "fake news," 二〇二一年二月二七日。

4　インクワイラー（電子版）、"Robredo discusses PH fight vs disinformation at US forum: We made a lot of mistakes," 二〇二二年一一月一八日。

5　ラップラー、"Networked propaganda: How the Marcoses are using social media to reclaim Malacañang," 二〇一九年一一月二〇日。

6　ABS-CBN News, "Marcos is presidential bet with biggest Facebook footprint since 2016," 二〇二二年五月二日。

7　ラップラー、"Exclusive: PH was Cambridge Analytica's 'petri dish'– whistle-blower Christopher Wylie," 二〇一九年九月一〇日。

8　Internews, "From Disinformation to Influence Operations: The Evolution of Disinformation in Three Electoral Cycles in the Philippines," 二〇二三年六月二九日。

9　『朝日新聞 GLOBE＋』「「フェイクニュース」はこうして社会を蝕んでいく　ノーベル平和賞受賞者の警告」二〇二二年三月一六日。

10　フランシス・フクヤマ『「歴史の終わり」の後で』八四―八五頁。

11　インクワイラー（電子版）、"TikTok as poll battlefield: Lies spreading unchecked," 二〇二二年四月二七日。

第7章　ピープルパワー神話の終焉と新たな物語の誕生

1 ザ・ガーディアン（電子版）、"Ferdinand Marcos Jr urged to stop pretending he has an Oxford degree," 二〇二二年五月一六日。
2 インクワイラー（電子版）、"BBM through his father's eyes," 二〇二二年一月二八日。
3 インクワイラー（電子版）、"'Maid in Malacañang': A biased review," 二〇二二年八月五日。
4 インクワイラー（電子版）、"Imelda Marcos 'extra excited', 'feeling 29' over Bongbong's win – daughter," 二〇二二年五月二五日。
5 インクワイラー（電子版）、"A 'very simple merienda,' Imee Marcos says on mom's birthday bash in Malacañang," 二〇二二年七月四日。
6 フィリピン国営通信（https://www.pna.gov.ph/photos/65879）。
7 『朝日新聞』「元大統領の娘たち　フィリピン政変から20年」二〇〇六年二月二二日朝刊。
8 不破信彦「フィリピンの貧困はなぜ減らないのか？：労働市場からの接近にむけての予備的分析」『アジア太平洋討究』二三（二〇一四年）。
9 大野拓司他編著『フィリピンを知るための64章』二三六頁。
10 日下渉『まにら新聞』二〇一九年五月二一日。
11 清水展『文化のなかの政治』二一三頁。

第8章　歴史修正と政権交代の意味

1　マリア・レッサ、竹田円訳『偽情報と独裁者――SNS時代の危機に立ち向かう』(河出書房新社、二〇二三年)一七頁。
2　インクワイラー(電子版)、“DepEd: No pressure from higher-ups on changing ‘Diktadurang Marcos’,” 二〇二三年九月一二日。
3　ユーチューブ、“An Exclusive Interview with President Ferdinand Bongbong Marcos Jr. | Toni Talks,” 二〇二二年九月一三日。
4　ユーチューブ、“Single ‘mistake’ could trigger South China Sea conflict, warns Philippines President | 7.30,” 二〇二四年三月四日。
5　ボンボンの相続税問題については、『まにら新聞』の記者竹下友章が二〇二二年一二月二九日付の記事で詳細に検証している。
6　ユーチューブ、“The 2022 Presidential One-On-One Interviews with Boy Abunda featuring Former Senator Bongbong Marcos.” 二〇二二年一月二五日。
7　マニラブレティン(電子版)、“Marcos firm on not ‘interfering’ with De Lima’s case,” 二〇二二年一〇月一四日。
8　ユーチューブ、マニラブレティン・オンライン、“FULL SPEECH: Former President Rodrigo Duterte delivers speech in Davao City Prayer Rally,” 二〇二四年一月二九日。
9　ラップラー、“Marcos now open to amending economic provisions of 1987 Constitution,” 二〇二四年一月二四日。

10 インクワイラー(電子版)、"Marcos 'resign' – Davao City Mayor Sebastian Duterte," 二〇二四年一月二八日。

11 インクワイラー(電子版)、"Año: Any secession move to be met with force," 二〇二四年二月五日。

12 GMA News Online, "VP Sara: PH gov't-NDFP joint statement 'a pact with devil'," 二〇二三年一二月四日。

13 フィリピンスター(電子版)、"Marcos: 'There were abuses' in Duterte's 'drug war'," 二〇二三年五月五日。

第9章　東南アジアで広がる権威主義と民主主義の衰退

1 川中豪『競争と秩序――東南アジアにみる民主主義のジレンマ』(白水社、二〇二二年)一九三、一九六頁。

2 フランシス・フクヤマ、渡部昇一訳『歴史の終わり』上・下(三笠書房、一九九二年)。

3 末廣昭『タイ　開発と民主主義』(岩波新書、一九九三年)。

4 カンボジアの最新情勢については山田裕史、新谷春乃「世襲環境が整う――2023年カンボジア総選挙」(二〇二三年、IDEスクエア)などを参照した。

5 日本貿易振興機構、地域・分析レポート「日本と中国の援助から見るカンボジア」二〇一七年一二月四日。

6『日本経済新聞』(電子版)、「「中国にのみ込まれた」カンボジア海軍基地の町ルポ」二〇二二年八月二五日。

7 ワシントン・ポスト(電子版)、"Biden courts son of Philippine dictator he once opposed,"二〇二三年四月三〇日。

8 二〇二三年七月にラップラーの事務所でレッサにインタビューした。詳細は東洋経済オンライン、「独裁者とSNS、ノーベル平和賞受賞記者の戦い方：ネットメディア「ラップラー」のマリア・レッサCEOに聞く」二〇二三年八月一日。

9 タイム、"The World Should Be Worried About a Dictator's Son's Apparent Win in the Philippines,"二〇二二年五月一〇日。

10 アジア経営研究所、"An Empirical Analysis of Political Dynasties in the 15th Philippine Congress,"二〇一二年。

11 『日本経済新聞』(電子版)、「衆院選、勝利に「地盤・看板・カバン」の壁、新人の勝率14%、世襲候補は8割当選」二〇二一年一〇月一七日。

12 imidas、野中尚人「世襲議員の横行は政党を死に至らしめる」二〇一〇年一月二二日。

13 ラップラー、"Remembering my Uncle Eddie,"二〇二二年八月二日。

14 フランシス・フクヤマ『「歴史の終わり」の後で』一四、四八頁。

*ウェブサイトの最終確認日はすべて二〇二四年七月一、

あとがき

二〇二三年一一月一八日、ボンボン夫妻は米国ハワイのヒッカム空軍基地に大統領専用機で降り立った。サンフランシスコで催されたアジア太平洋経済協力（ＡＰＥＣ）首脳会議に出席したあとマニラに直帰せずに立ち寄った。三七年前に一家で母国を追放され、失意のなかでたどり着いた場所だ。その時と同じように知事ジョシュ・グリーンらの歓迎を受け、ハイビスカスのレイを首にかけてもらった。

ボンボンは到着後、地元のフィリピン人コミュニティーの集会に出席し、「訪米するならハワイに寄りなさい、苦難の時に支えてくれた友人たちにごあいさつしなさいと母（イメルダ）に言われた」とあいさつし、イロカノを中心とする約千人の聴衆から大喝采を浴びた。この旅を「センチメンタルジャーニー」と位置づけたボンボンはさらに「私たちがここに降り立った時、何も、何も持っていなかった。みなさんが食べ物も服も与えてくれた」と語った（ユーチューブ、“Upon return to Hawaii, nostalgic Marcos thanks Filipino diaspora for 'keeping us alive'”）。

同じとき、同じ場所に居合わせた私にすれば、「おいおい待ってくれ」という発言だ。一家はマラカニアン宮殿脱出時に現金や宝石類、純金の延べ棒、膨大な衣類など数百万ドル相当を持ち出していた。何もなかったのは、米国税関に押収されたからだ。

本書の執筆のきっかけは、かつて自分たちの力(ピープルパワー)で独裁者一家を追い出した人々が、それによって得られた選挙の自由をもって一家を再び権力の座に就かせた光景を見て、民主主義とはなにかを考えさせられたことだ。無血の民主革命に酔ったはずのフィリピン人を取り巻く状況はどこでどう変わったのか。

一連の出来事について、できるだけ事実に照らして経緯を追うように努めた。しかしながらその「事実」を当事者であるフィリピン人に伝えると、強く反発されることも多い。もちろんどのような「事実」を選択するかは私の主観である。彼らの慈しむ物語と私が伝える「事実」の平仄《ひょうそく》が合わないからだろう。

「大多数の人々はファクトなんてどうでもいいかもしれない」。数学者の新井紀子がChatGPTなど生成AIについてのインタビューのなかで語っていた。

「正しさを追求する人は、一般の人々の気持ちはいまいちわからないかもしれませんが」と前置きしたうえで、「脳はとにかく楽をしたがる器官で、どうしても〝タイパ〟が良いほうに流れてしまう。検索の場合、結果がたくさん出てくるので、その中から情報を選ぶ必要があるじゃないですか。ChatGPTは答えを言ってくれるので、これを信じてしまえるなら、そのほうが楽でタイパがいい。そういう世の中で、「ファクトこそが重要だ」という正義は通りにくい」と話し、AIの進化は「民主主義への挑戦でもある」と述べている(東洋経済オンライン、「「ChatGPT」に浮かれる人が知らない恐ろしい未来」二〇二三年三月四日)。

ジャーナリズムにとって厳しい時代だ。事実に重きが置かれない状況は、世界的な傾向だが、フィリピンもまたしかりである。

二〇一六年のフィリピン大統領選の最終日の集会で、私はドゥテルテの演説を聞きながら、「もし投票権があればこのおっさんに入れるな」と思った。立ち居振る舞いやダバオで語られる「伝説」から、マニラ政界のアウトサイダーとして旧来の既得権益層(オリガーキー)を打破するのではないかと期待したのだ。ところが時がたつにつれ、それが幻想だったと感じるようになった。だが私の失望がフィリピンの多数派に共有されることはなかった。

職業や学歴、貧富、階層、立場などにかかわらずフィリピン人は概しておしゃべり好きで、外国人に対してもさまざまな話をしてくれる。その自由闊達さが私は好きだ。取材するのも楽しい。しかしここ数年、フィリピン人と政治の話をするのがときに億劫になる。私に限らずフィリピン人同士、家族間でも政治や選挙について話すことを避ける傾向があるという。政治状況を語る共通の基盤が失われているからだろう。基盤を事実の積み重ねと言い換えてもよい。

ボンボン政権は二〇二五年には折り返しを迎える。マルコス・ドゥテルテの蜜月が過去のものとなり、二〇二八年の次期大統領選へ向けて政局も波乱含みだ。独裁者の息子は権威主義的な傾向を強めるのか、あるいは父の政権末期の反省に立ち、民主的にバトンを後任に引き継ぐのか、予断を許さない。

フィリピンはアジア太平洋戦争終結後、地域で最も反日感情の強い国だった。日本軍が一九四一年一二月に進軍したことで平和だった島々が戦争に巻き込まれ、一一一万人もが命を落としたためだ。当時の人口の一五人に一人にあたる。日米の戦闘で命を落とした人も多数いたが、そもそも日本が占領をしなければ、死なずに済んだ人々だ。

戦後八〇年近くたつ今、圧倒的多数のフィリピン人が日本に親しみを抱いてくれていることは、各種世論調査で明らかだ。対日観の変化の理由については別の機会に譲るが、現在では、膨張する中国の覇権主義的な振る舞いに、ともに対峙せざるを得ない安全保障面に加え、少子高齢化で先を行く日本と若年層がいまも増え続けるフィリピンの人口動態的な相互補完性などから、両国関係の重要さは高まるばかりだ。

他方戦後の日比関係をみたとき、日本人のフィリピンへの関心は近年、むしろ薄れているのではないかと感じる。日本のメディアも日本人がらみの特異な事件には強く反応し、日本政府の安全保障関係のニュースリリースはそれなりに扱うが、視線の広がりに欠けている。もっとも、日本のアジアへの関心は、自らの懐に関係あるビジネス上の事柄を除けばフィリピンに限らず、概して薄い。中国、台湾と朝鮮半島以外のアジアのニュースの扱いを見ればわかることだ。

そうしたなかでも、フィリピンやアジアに多少なりとも関心のある人に手に取ってもらいたいとパソコンに向かった。八六年の政変からボンボン政権に至るまでの時代について、フィリピンの学者やジャーナリストがあまたの記事、論評を残している。それでも、たまたまいくつかの歴史的な現場に立ち会い、仕事の関係で現在もフィリピンに滞在することの多い私が、外部の視点、日本人の目線で観察した記録を日本語で残すことに意味がないわけではないとも考えた。

執筆にあたり、多くのフィリピン人に話を聞かせてもらい、協力を得た。日本人の研究者や記者たちからたくさんの教示を受けた。関係者のみなさんすべてに御礼を申し上げたい。

柴田直治

ものかき．朝日新聞記者(論説副主幹，アジア総局長，マニラ支局長，大阪・東京社会部デスクなどを歴任)，近畿大学教授などを経てフリーに．著書に『バンコク燃ゆ――タックシンと「タイ式」民主主義』(めこん)．

ルポ フィリピンの民主主義
――ピープルパワー革命からの40年　岩波新書(新赤版)2032

2024年9月20日　第1刷発行

著　者　柴田直治《しばたなおじ》

発行者　坂本政謙

発行所　株式会社 岩波書店
〒101-8002 東京都千代田区一ツ橋 2-5-5
案内 03-5210-4000　営業部 03-5210-4111
https://www.iwanami.co.jp/

新書編集部 03-5210-4054
https://www.iwanami.co.jp/sin/

印刷・精興社　カバー・半七印刷　製本・中永製本

ISBN 978-4-00-432032-6　Printed in Japan

岩波新書新赤版一〇〇〇点に際して

ひとつの時代が終わったと言われて久しい。だが、その先にいかなる時代を展望するのか、私たちはその輪郭すら描きえていない。二〇世紀から持ち越した課題の多くは、未だ解決の緒を見つけることのできないままであり、二一世紀が新たに招きよせた問題も少なくない。グローバル資本主義の浸透、憎悪の連鎖、暴力の応酬――世界は混沌として深い不安の只中にある。

現代社会においては変化が常態となり、速さと新しさに絶対的な価値が与えられた。消費社会の深化と情報技術の革命は、種々の境界を無くし、人々の生活やコミュニケーションの様式を根底から変容させてきた。ライフスタイルは多様化し、一面では個人の生き方をそれぞれが選びとる時代が始まっている。同時に、新たな格差が生まれ、様々な次元での亀裂や分断が深まっている。社会や歴史に対する意識が揺らぎ、普遍的な理念に対する根本的な懐疑や、現実を変えることへの無力感がひそかに根を張りつつある。そして生きることに誰もが困難を覚える時代が到来している。

しかし、日常生活のそれぞれの場で、自由と民主主義を獲得し実践することを通じて、私たち自身がそうした閉塞を乗り超え、希望の時代の幕開けを告げてゆくことは不可能ではあるまい。そのために、いま求められていること――それは、個と個の間で開かれた対話を積み重ねながら、人間らしく生きることの条件について一人ひとりが粘り強く思考することではないか。その営みの糧となるものが、教養に外ならないと私たちは考える。歴史とは何か、よく生きるとはいかなることか、世界そして人間はどこへ向かうべきなのか――こうした根源的な問いとの格闘が、文化と知の厚みを作り出し、個人と社会を支える基盤としての教養となった。まさにそのような教養への道案内こそ、岩波新書が創刊以来、追求してきたことである。

岩波新書は、日中戦争下の一九三八年一一月に赤版として創刊された。創刊の辞は、道義の精神に則らない日本の行動を憂慮し、批判的精神と良心的行動の欠如を戒めつつ、現代人の現代的教養を刊行の目的とする、と謳っている。以後、青版、黄版、新赤版と装いを改めながら、合計二五〇〇点余りを世に問うてきた。そして、いままた新赤版が一〇〇〇点を迎えたのを機に、人間の理性と良心への信頼を再確認し、それに裏打ちされた文化を培っていく決意を込めて、新しい装丁のもとに再出発したいと思う。一冊一冊から吹き出す新風が一人でも多くの読者の許に届くこと、そして希望ある時代への想像力を豊かにかき立てることを切に願う。

（二〇〇六年四月）

岩波新書より

政治

検証 政治とカネ　上脇博之
ケアの倫理　岡野八代
さらば、男性政治　三浦まり
日米地位協定の現場を行く　山本章子・宮城裕也
職業としての官僚　嶋田博子
学問と政治 学術会議任命拒否問題とは何か　芦名定道・宇野重規・岡田正則・小沢隆一・加藤陽子・松宮孝明
検証 政治改革 なぜ劣化を招いたのか　川上高志
政治責任 民主主義とのつき合い方　鵜飼健史
人権と国家　筒井清輝
「オピニオン」の政治思想史　堤林剣・堤林恵
戦後政治史〔第四版〕　石川真澄・山口二郎
尊厳　マイケル・ローゼン　内尾太一・峯陽一 訳
デモクラシーの整理法　空井護

地方の論理　小磯修二
SDGs　南博・稲場雅紀
暴君　スティーブン・グリーンブラット　河合祥一郎 訳
ドキュメント 強権の経済政策　軽部謙介
リベラル・デモクラシーの現在　樋口陽一
民主主義は終わるのか　山口二郎
女性のいない民主主義　前田健太郎
平成の終焉　原武史
日米安保体制史　吉次公介
官僚たちのアベノミクス　軽部謙介
在日米軍 変貌する日米安保体制　梅林宏道
矢内原忠雄 戦争と知識人の使命　赤江達也
憲法改正とは何だろうか　高見勝利
共生保障〈支え合い〉の戦略　宮本太郎
シルバー・デモクラシー 戦後世代の覚悟と責任◆　寺島実郎
憲法と政治　青井未帆

18歳からの民主主義◆　岩波新書編集部 編
検証 安倍イズム　柿崎明二
右傾化する日本政治　中野晃一
外交ドキュメント 歴史認識◆　服部龍二
日米〈核〉同盟 原爆、核の傘、フクシマ　太田昌克
集団的自衛権と安全保障　豊下楢彦・古関彰一
日本は戦争をするのか　半田滋
アジア力の世紀　進藤榮一
民族紛争　月村太郎
政治的思考　杉田敦
現代日本の政党デモクラシー　中北浩爾
サイバー時代の戦争◆　谷口長世
現代中国の政治◆　唐亮
政権交代とは何だったのか◆　山口二郎
日本の国会　大山礼子
戦後政治史〔第三版〕　石川真澄・山口二郎
〈私〉時代のデモクラシー　宇野重規

現代世界

トルコ 建国一〇〇年の自画像　内藤正典
サピエンス減少　原俊彦
ウクライナ戦争をどう終わらせるか　東大作
ルポ アメリカの核戦力　渡辺丘
ミャンマー現代史　中西嘉宏
アメリカとは何か 自画像と世界観をめぐる相剋　渡辺靖
タリバン台頭　青木健太
ネルソン・マンデラ　堀内隆行
日韓関係史　木宮正史
文在寅時代の韓国　文京洙
アメリカ大統領選　久保文明・金成隆一
イスラームからヨーロッパをみる　内藤正典
アメリカの制裁外交　杉田弘毅
ルポ トランプ王国2　金成隆一
2100年の世界地図 アフラシアの時代　峯陽一
フォト・ドキュメンタリー 朝鮮に渡った「日本人妻」　林典子
サイバーセキュリティ◆　谷脇康彦
トランプのアメリカに住む　吉見俊哉
ライシテから読む現代フランス　伊達聖伸
ベルルスコーニの時代　村上信一郎
イスラーム主義　末近浩太
ルポ 不法移民 アメリカ国境を越えた男たち　田中研之輔
習近平の中国 百年の夢と現実　林望
日中漂流　毛里和子
中国のフロンティア　川島真
シリア情勢　青山弘之
ルポ トランプ王国　金成隆一
ルポ 難民追跡 バルカンルートを行く　坂口裕彦
アメリカ政治の壁　渡辺将人
プーチンとG8の終焉◆　佐藤親賢
香港 中国と向き合う自由都市　倉田徹・張彧暋
〈文化〉を捉え直す　渡辺靖
イスラーム圏で働く　桜井啓子編
中南海 知られざる中国の中枢◆　稲垣清
フォト・ドキュメンタリー 人間の尊厳　林典子
(株)貧困大国アメリカ　堤未果
女たちの韓流　山下英愛
中国の市民社会◆　李妍焱
勝てないアメリカ◆　大治朋子
ブラジル 跳躍の軌跡　堀坂浩太郎
非アメリカを生きる◆　室謙二
ジプシーを訪ねて　関口義人
中国エネルギー事情　郭四志
アメリカン・デモクラシーの逆説　渡辺靖
ルポ 貧困大国アメリカII　堤未果
平和構築　東大作
イスラエル　臼杵陽
アフリカ・レポート　松本仁一
ヴェトナム新時代　坪井善明
ルポ 貧困大国アメリカ　堤未果

世界史

魔女狩りのヨーロッパ史　池上俊一
ジェンダー史10講　姫岡とし子
暴力とポピュリズムのアメリカ史　中野博文
感染症の歴史学　飯島渉
ヨーロッパ史　拡大と統合の力学　大月康弘
アマゾン五〇〇〇年　丸山浩明
ハイチ革命の世界史　浜忠雄
軍と兵士のローマ帝国　井上文則
西洋書物史への扉　髙宮利行
「音楽の都」ウィーンの誕生　ジェラルド・グローマー
マルクス・アウレリウス『自省録』のローマ帝国　南川高志
古代ギリシアの民主政　橋場弦
曾国藩　「英雄」と中国史　岡本隆司
人種主義の歴史　平野千果子
スポーツからみる東アジア史　高嶋航
スペイン史10講　立石博高
ヒトラー　芝健介
ユーゴスラヴィア現代史〔新版〕　柴宜弘
東南アジア史10講　古田元夫
チャリティの帝国　金澤周作
太平天国　菊池秀明
ドイツ統一　アンドレアス・レダー　板橋拓己訳
人口の中国史　上田信
カエサル　小池和子
世界遺産　中村俊介
奴隷船の世界史　布留川正博
独ソ戦　絶滅戦争の惨禍　大木毅
イタリア史10講　北村暁夫
フランス現代史　小田中直樹
移民国家アメリカの歴史　貴堂嘉之
フィレンツェ　池上俊一
マーティン・ルーサー・キング　黒﨑真
ナポレオン　杉本淑彦
ガンディー　平和を紡ぐ人　竹中千春
イギリス現代史　長谷川貴彦
ロシア革命　破局の8か月　池田嘉郎
天下と天朝の中国史　檀上寛
孫文　深町英夫
古代東アジアの女帝　入江曜子
新・韓国現代史　文京洙
ガリレオ裁判　田中一郎
人間・始皇帝　鶴間和幸
袁世凱　岡本隆司
二〇世紀の歴史　木畑洋一
イギリス史10講　近藤和彦
植民地朝鮮と日本　趙景達
シルクロードの古代都市　加藤九祚
中華人民共和国史〔新版〕　天児慧
物語 朝鮮王朝の滅亡◆　金重明
新・ローマ帝国衰亡史　南川高志
近代朝鮮と日本　趙景達
マヤ文明　青山和夫

社会

不適切保育はなぜ起こるのか　普光院亜紀
なぜ難民を受け入れるのか　橋本直子
罪を犯した人々を支える　藤原正範
女性不況サバイバル　竹信三恵子
パリの音楽サロン　青柳いづみこ
持続可能な発展の話　宮永健太郎
皮革とブランド 変化するファッション倫理　西村祐子
動物がくれる力 教育、福祉、そして人生　大塚敦子
政治と宗教　島薗進編
超デジタル世界　西垣通
現代カタストロフ論　金子勝・児玉龍彦
「移民国家」としての日本　宮島喬
迫りくる核リスク 〈核抑止〉を解体する　吉田文彦
記者がひもとく「少年」事件史　川名壮志

中国のデジタルイノベーション　小池政就
これからの住まい　川崎直宏
検察審査会　デイビッド・T・ジョンソン・平山真理・福来寛
ドキュメント〈アメリカ世〉の沖縄　宮城修
東京大空襲の戦後史　栗原俊雄
土地は誰のものか　五十嵐敬喜
民俗学入門　菊地暁
企業と経済を読み解く小説50　佐高信
視覚化する味覚　久野愛
ロボットと人間 人とは何か　石黒浩
ジョブ型雇用社会とは何か　濱口桂一郎
法医学者の使命 「人の死を生かす」ために　吉田謙一
異文化コミュニケーション学　鳥飼玖美子
モダン語の世界へ　山室信一
時代を撃つノンフィクション100　佐高信

労働組合とは何か　木下武男
プライバシーという権利　宮下紘
地域衰退　宮崎雅人
江戸問答　田中優子・松岡正剛
広島平和記念資料館は問いかける　志賀賢治
コロナ後の世界を生きる　村上陽一郎編
リスクの正体　神里達博
紫外線の社会史　金凡性
「勤労青年」の教養文化史　福間良明
5G 次世代移動通信規格の可能性　森川博之
客室乗務員の誕生　山口誠
「孤独な育児」のない社会へ　榊原智子
放送の自由　川端和治
社会保障再考 〈地域〉で支える　菊池馨実
生きのびるマンション　山岡淳一郎
虐待死 なぜ起きるのか、どう防ぐか　川崎二三彦
平成時代◆　吉見俊哉

岩波新書より

バブル経済事件の深層　奥山俊宏／村山治
日本をどのような国にするか　丹羽宇一郎
なぜ働き続けられない？ 社会と自分の力学　鹿嶋敬
物流危機は終わらない　首藤若菜
認知症フレンドリー社会　徳田雄人
アナキズム 一丸となってバラバラに生きろ　栗原康
総介護社会　小竹雅子
賢い患者　山口育子
住まいで「老活」　安楽玲子
現代社会はどこに向かうか　見田宗介
EVと自動運転 クルマをどう変えるか　鶴原吉郎
ルポ 保育格差◆　小林美希
棋士とAI　王銘琬
科学者と軍事研究　池内了
原子力規制委員会　新藤宗幸
東電原発裁判　添田孝史
日本問答　田中優子／松岡正剛

日本の無戸籍者　井戸まさえ
〈ひとり死〉時代のお葬式とお墓　小谷みどり
町を住みこなす　大月敏雄
歩く、見る、聞く 人びとの自然再生　宮内泰介
対話する社会へ　暉峻淑子
悩みいろいろ　金子勝
魚と日本人 食と職の経済学　濱田武士
ルポ 貧困女子　飯島裕子
鳥獣害 動物たちと、どう向きあうか　祖田修
科学者と戦争　池内了
新しい幸福論　橘木俊詔
ブラックバイト 学生が危ない　今野晴貴
ルポ 母子避難　吉田千亜
日本病 長期衰退のダイナミクス◆　金子勝／児玉龍彦
雇用身分社会　森岡孝二
生命保険とのつき合い方◆　出口治明
ルポ にっぽんのごみ　杉本裕明

鈴木さんにも分かるネットの未来　川上量生
地域に希望あり◆　大江正章
世論調査とは何だろうか◆　岩本裕
フォト・ストーリー 沖縄の70年　石川文洋
ルポ 保育崩壊　小林美希
多数決を疑う 社会的選択理論とは何か　坂井豊貴
アホウドリを追った日本人　平岡昭利
朝鮮と日本に生きる　金時鐘
被災弱者　岡田広行
農山村は消滅しない　小田切徳美
復興〈災害〉　塩崎賢明
「働くこと」を問い直す　山崎憲
原発と大津波 警告を葬った人々　添田孝史
縮小都市の挑戦◆　矢作弘
福島原発事故 被災者支援政策の欺瞞◆　日野行介
日本の年金◆　駒村康平
食と農でつなぐ 福島から◆　塩谷弘康／岩崎由美子

(2024. 8)　　◆は品切，電子書籍版あり．(D2)

岩波新書より

過労自殺〔第二版〕◆ 川人博
金沢を歩く 山出保
ドキュメント 豪雨災害 稲泉連
ひとり親家庭 赤石千衣子
女のからだ フェミニズム以後◆ 荻野美穂
〈老いがい〉の時代◆ 天野正子
子どもの貧困 Ⅱ 阿部彩
性と法律 角田由紀子
ヘイト・スピーチとは何か◆ 師岡康子
生活保護から考える◆ 稲葉剛
かつお節と日本人 宮内泰介・藤林泰
家事労働ハラスメント 竹信三恵子
福島原発事故 県民健康管理調査の闇◆ 日野行介
電気料金はなぜ上がるのか◆ 朝日新聞経済部
おとなが育つ条件 柏木惠子
在日外国人〔第三版〕 田中宏
まち再生の術語集 延藤安弘
震災日録 記憶を記録する◆ 森まゆみ

原発をつくらせない人びと 山秋真
社会人の生き方◆ 暉峻淑子
構造災 科学技術社会に潜む危機 松本三和夫
家族という意志◆ 芹沢俊介
夢よりも深い覚醒へ◆ 大澤真幸
3・11 複合被災◆ 外岡秀俊
子どもの声を社会へ 桜井智恵子
就職とは何か◆ 森岡孝二
日本のデザイン 原研哉
ポジティヴ・アクション 辻村みよ子
脱原子力社会へ◆ 長谷川公一
希望は絶望のど真ん中に むのたけじ
アスベスト 広がる被害 大島秀利
原発を終わらせる 石橋克彦編
日本の食糧が危ない 中村靖彦
希望のつくり方 玄田有史
生き方の不平等◆ 白波瀬佐和子
同性愛と異性愛 風間孝・河口和也
新しい労働社会 濱口桂一郎

世代間連帯 上野千鶴子・辻元清美
子どもの貧困 阿部彩
子どもへの性的虐待◆ 森田ゆり
反貧困 湯浅誠
不可能性の時代 大澤真幸
地域の力 大江正章
少子社会日本 山田昌弘
「悩み」の正体 香山リカ
変えてゆく勇気◆ 上川あや
戦争で死ぬ、ということ 島本慈子
ルポ 改憲潮流 斎藤貴男
社会学入門 見田宗介
少年事件に取り組む 藤原正範
悪役レスラーは笑う◆ 森達也
いまどきの「常識」◆ 香山リカ
働きすぎの時代◆ 森岡孝二
桜が創った「日本」 佐藤俊樹
生きる意味 上田紀行
社会起業家◆ 斎藤槙

岩波新書より

逆システム学◆	金子勝 児玉龍彦
当事者主権	中西正司 上野千鶴子
豊かさの条件	暉峻淑子
クジラと日本人	大隅清治
人生案内	落合恵子
若者の法則	香山リカ
原発事故はなぜくりかえすのか	高木仁三郎
証言 水俣病	栗原彬編
日の丸・君が代の戦後史◆	田中伸尚
コンクリートが危ない	小林一輔
バリアフリーをつくる	光野有次
ドキュメント屠場	鎌田慧
現代社会の理論	見田宗介
原発事故を問う◆	七沢潔
ディズニーランドという聖地	能登路雅子
原発はなぜ危険か◆	田中三彦
豊かさとは何か	暉峻淑子
異邦人は君ヶ代丸に乗って	金賛汀
読書と社会科学	内田義彦
文化人類学への招待◆	山口昌男
ビルマ敗戦行記	荒木進
プルトニウムの恐怖◆	高木仁三郎
日本の私鉄	和久田康雄
社会科学における人間	大塚久雄
女性解放思想の歩み	水田珠枝
沖縄ノート	大江健三郎
沖縄	比嘉春潮
民話	関敬吾
唯物史観と現代〔第二版〕	梅本克己
民話を生む人々	山代巴
米軍と農民	阿波根昌鴻
沖縄からの報告	瀬長亀次郎
結婚退職後の私たち	塩沢美代子
ユダヤ人◆	J-P・サルトル 安堂信也訳
社会認識の歩み◆	内田義彦
社会科学の方法	大塚久雄
自動車の社会的費用	宇沢弘文
上海	殿木圭一
現代支那論	尾崎秀実

岩波新書/最新刊から

2023 **表現の自由**　「政治的中立性」を問う　市川正人 著

本書は、「政治的中立性」という曖昧な概念を理由に人々の表現活動を制限することの危険性を説くものである。

2024 **戦争ミュージアム**　―記憶の回路をつなぐ―　梯久美子 著

戦争の記録と記憶を継ぐ各地の平和のための博物館を訪ね、土地の歴史を探り、人びとの語りを伝える。いまと地続きの過去への旅。

2025 **記憶の深層**　―〈ひらめき〉はどこから来るのか―　高橋雅延 著

記憶のしくみを深く知り、上手に活かせば答えはひらめく。科学的エビデンスにもとづく記憶法と学習法のヒントを伝授する。

2026 **あいまいさに耐える**　―ネガティブ・リテラシーのすすめ―　佐藤卓己 著

二〇一〇年代以降の情動社会化を回顧し、ファスト政治ではない、輿論主義(デモクラシー)のための「消極的な読み書き能力」を説く。

2027 **サステナビリティの経済哲学**　松島斉 著

宇沢弘文を継ぐゲーム理論と情報の経済学の大家が「新しい資本主義」と「新しい社会主義」というシステム構想を披露する。

2028 **介護格差**　結城康博 著

介護は突然やってくる！　いざというときに困らないために何が鍵となるのか。迫りくる「2025年問題」の全課題をわかり易く説く。

2029 **新自由主義と教育改革**　大阪から問う　髙田一宏 著

競争原理や成果主義による新自由主義の教育改革。国内外で見直しも進むなか、勢いを増す維新の改革は何をもたらしているのか。

2030 **朝鮮民衆の社会史**　―現代韓国の源流を探る―　趙景達 著

歴史の基底には多様な信仰、祭礼、文化が根づいている。日常と抗争のはざまを生きる力弱い人々が社会を動かしていく道程を描く。

(2024.9)